문통·언문지를 남긴 조선의 대학자

서파 류희의 삶과 학문 이야기

김종경·박숙현 지음

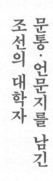

문통·언문지를 남긴
조선의 대학자

서파 류희의
삶과 학문 이야기

김종경·박숙현 지음

벽꽃

목차

들어가면서

　서파(西陂) 류희(柳僖, 1773~1837)는 조선 후기의 재야를 대표하는 실학의 거두다. 류희는 오늘날 국어학 연구의 보배로 꼽히는『언문지(諺文志)』,『물명고(物名考)』를 포함해 인문학과 자연과학을 아우르는 100여 권의 백과사전적 저작『문통(文通)』을 남겼다. 류희는 정약용(丁若鏞)·정약전(丁若銓) 형제, 서유구(徐有榘)와 함께 국보급 백과사전을 남긴 대학자로 평가된다.

　2024년은 류희가『언문지』를 저술한 지 200주년이 되는 해이다. 류희는 한글을 언문으로 낮춰 부르고 선비들이 한글을 외면하던 조선시대에 책에 당당하게『언문지』라는 제목을 붙이고, 표음문자인 한글의 우수성과 문자 구조의 정교함을 연구하여 한글 연구의 단서를 제공했다. 한글 연구의 선구자인 류희는 조선 최고의 음운학자, 언어학자, 국어학자로 불리고 있으며, 그가 펴낸『물명고』역시 방대한 조사를 바탕으로 한 조선 최고의 어휘 사전으로 꼽히고 있다. 또한 그는 1,500여 수의 시를 지었고, 15권의 시집을 엮은 대단한 시인이기도 했다,

류희의 인생을 정리하면서 그가 살았던 조선 후기의 시대 상황과 국내외 정세를 간략하게 기술했다. 류희가 위대한 학자임에도 오늘날 잘 알려지지 않은 이유를 제대로 알기 위해서는 그가 맞닥뜨린 시대적 불운을 이해해야 하기 때문이다.

이 책에서는 또 류희의 저작인『문통』은 물론 그의 어머니 이사주당(李師朱堂, 1739~1821)의『태교신기(胎教新記)』에 대해서도 개괄하였다. 류희와 이사주당에 대해서 간략하게 기술된 이 글이 어른들은 물론이고 미래 세대인 청소년들에게도 널리 읽혀 이들 모자와 관련된 수많은 문화 콘텐츠를 생산하는 기초적 교양서가 되기를 바란다.

조선 후기는 흔히 "망국의 역사"라고 폄훼되기도 한다. 하지만 이 시기는 용인에서 태어나 살면서 우리에게 엄청난 문화유산을 남긴 서파 류희 같은 자랑스러운 선조가 살다간 빛나는 시대이기도 하다. 조선조 500년 역사는 당쟁도 있었고 환난도 많았다. 그러나 문치(文治)의 시대였고 모든 것이 기록으로 정리되어 후손에게 전해지도록 제도화한 시대였다. 모쪼록 이 글이 조선의 기록

문화와 선비정신을 꽃피운 서파 류희를 기리고 이해하는 데 작은 보탬이 되기를 기대해본다.

2024년 4월

김종경, 박숙현

프롤로그

서파 류희, 초인의 치열한 삶

서파 류희는 용인현(龍仁縣) 모현촌(慕賢村) 일대에 은둔해 살면서 평생 학문에 매진한 조선 후기 재야 실학의 거성이다. 그는 한국학의 위대한 결정체인 『문통』을 남겼다. 그동안 행방이 묘연 하던 『문통』 100여 권을 지난 2005년 진주 류씨 문중이 한국학중 앙연구원에 공식 기탁하자 학계가 떠들썩했다. 이후 류희는 일거 에 무명에서 벗어나 성호 이익, 다산 정약용에 버금가는 대실학자 의 반열에 올랐다.

『문통』은 평생 통달하지 않은 분야가 없던 류희 학문의 집 대성이다. 경학, 문학, 음운학, 춘추학, 수학, 천문학, 역학, 의학, 음 악, 농어충수, 측량학 등 전통 시대 학문의 모든 분야를 포괄한다.

이중 단연 돋보이는 것은 한글 연구서『언문지』다. 한글을 언문이라 하찮게 여기던 시대에 표음문자인 한글의 탁월성을 갈파한 저술이다. 조선의 생활 및 생물학 분야를 아우른 획기적인 어휘 자료집『물명고』역시 역작이다. 이 두 저술은 국학 관련 귀중한 연구 성과로 대한민국 한글 100대 유산에 선정되었으며 학계에 미치는 영향력이 매우 크다. 류희는 또한 춘추학 최고의 대가이며, 19세기 조선 최고의 고증학자였다.

류희는 뛰어난 시인이며 예술가이기도 했다. 15권의 시집에 1,500여 수에 달하는 빼어난 시를 남겼고 산문과 문학론도 남겼다. 음악에 특출한 재능이 있어 오늘날 국악 연구에 기여할 업적을 남겼으며, 서화와 고완(古玩)에 대한 예술적 안목이 높아 서화에 대한 평론도 다수 남겼다.

박통과 통달은 65세로 생을 마감한 석학 류희의 본질이다. 몰락한 소론계 양반가에서 태어나 노론이 장악한 정권에 출사할 기회조차 얻지 못한 채 자조와 울분으로 점철된 천재 학자가 선택할 수 있는 최선의 삶이었다.

청년 시절에 입신양명의 큰 꿈을 가졌던 류희가 만약 시대적 행운을 안고 태어났다면 그의 생은 크게 달라졌을 것이다. 세상을 경영하는 놀라운 솜씨를 발휘하고 그에 걸맞은 웅장한 성과물을 남겼을 것이며, 백성의 삶을 이롭게 하는 다양한 정책을 개발하고 과학 기술 분야의 발전을 이끌어냈을 것이다.

시대적 불운으로 과거를 포기한 류희는 포의(布衣), 즉 벼슬 없는 선비의 신분에 맞게 결코 세상의 입에 오르내리지 않으며 순수 학문에만 몰두했다. 류희가 세상을 경영하는 글을 내어놓은들 누가 보아줄 것이며, 오히려 시기와 모함에 빠져들기 십상이었다. 권모술수가 횡행하던 시대였기에 결코 재능을 세상 밖으로 드러내지 않고 산속에 은둔해 천진을 지킨 것은 탁월한 선택이었다. 실제로 청년 시절에 류희는 재주가 뛰어나고 성품이 올곧아서 시류에 영합하지 않았으며, 그런 까닭에 사람들의 모함과 위해를 여러 번 입은 바 있다. 그러한 은둔의 결과, 놀라운 학문적 업적에도 불구하고 이름조차 제대로 남기지 못했다.

평생 한 분야에 족적을 남기는 것도 쉽지 않은 일인데, 류희는 인문학과 자연과학을 넘나들면서 이 세상의 학문을 모두 섭렵했고 그 근본을 꿰뚫었다. 당대의 의식 있는 학자들은 류희를 그냥 기재가 아니라 "천하의 기재"라 칭송하였을 정도다. "죽어서도 책벌레가 되리라"고 했던 류희의 역설적 표현이 참으로 안쓰럽기만 하다. 류희도 인간인지라 세상에 나설 수 없는 울분과 분노가 왜 없었겠는가.

류희가 위대한 것은 대단한 학문적 업적인 『문통』을 남겼기 때문만은 아니다. 류희는 고독과 울분을 다스려 평정심을 유지할 수 있었고, 누가 보아주거나 알아주지도 않는 학문을 하면서도 자신을 채찍질하며 죽을 때까지 학문에 정진했다. 묘지명에 명기되

어 있듯 류희는 오로지 성(誠) 하나로 일생의 좌우명을 삼았던 것
이다.

초인의 힘으로 거친 세상을 살며 거대한 학문적 결실을 맺
은 류희의 고단하고도 치열했던 삶은 오늘을 살아가는 우리에게
많은 교훈을 준다.

제1장 류희의 생애

1 류희의 출생과 교육

소론 집안에서 태어난 서파 류희

서파 류희는 조선 후기인 영조(英祖) 49년(1773)에 용인현 모현촌 마산리(모현읍 매산리)에서 태어나 헌종(憲宗) 3년(1837), 말년에 이사한 남악(모현읍 일산리 월촌) 새집에서 65세를 일기로 작고했다. 호는 서파(西陂), 방편자(方便子), 관청농부(觀靑農夫), 남악(南嶽), 비옹(否翁) 등이 있다. 본관은 진주이며, 초명은 경(儆)이고 자는 계중(戒仲)이다.

류희는 소론 집안의 아버지 류한규(柳漢奎)와 노론 집안의 어머니 사주당 이씨 사이에서 태어났다. 몰락한 소론 가문이라는 배경은 류희가 세상에 재능을 펼쳐볼 기회를 막았고, 노론이라는 배경은 아버지 사후 류희의 학문적 경향에 영향을 미쳤다고 볼 수 있다. 아버지 류한규는 진주 류씨 목천공파 파조로 목천현감을 지냈고, 어머니 사주당 이씨는 『태교신기』를 지은 조선 후기의 대표적인 여류학자다.

류한규는 경학은 기본이고, 천문, 주역, 산학(算學)과 음률, 한의학에 조예가 깊어 아들 류희가 실학에 관심을 갖는 데 영향을 미쳤다. 불행하게도 류한규는 세 번 상처하여 46세에 다시 결혼해야 했다.

사주당은 청주 사람으로 사서삼경(四書三經), 제자백가(諸子百家)에 통달하는 등 당시 보기 드문 여성 지식인이었다. 호서 일대에서 경서에 능통한 천재 소녀로 이름을 알렸는데, 학문에 심취하여 결혼에 별다른 관심이 없어 25세까지 미혼이었다. 25세는 조혼 풍습이 있던 조선시대에는 상당한 노처녀로, 이때 21세 연상인 류한규의 네 번째 부인으로 출가하였다.

류한규는 세 번의 상처 후 혼인할 생각이 없었다. 다만 노모를 잘 모실 여인이 있다면 혼인하겠다고 생각할 뿐이었다. 그러던 중 성리학(일명 주자학)을 공부하여 실력이 학자 수준에 이르고, 성인의 가르침대로 효성이 지극한 규수가 청주에 있다는 소식을 접했다. 노모를 잘 모실 수 있는 데다 함께 학문을 연구하는 동지 같은 부인을 얻을 수 있다는 사실이 기뻤다. 이러한 뜻을 절절하게 적어 매파를 통해 사주당 집안에 전달했다. 사주당은 류한규의 진심에 감복하여 1남 2녀의 전처소생 자식이 있고, 자신보다 한참 나이가 많음에도 류한규에게 출가할 것을 결심했다.

어머니의 남다른 교육 방식

류희는 류한규의 나이 56세, 사주당 이씨의 나이 35세에 얻은 귀한 아들이다. 『태교신기』의 저자인 사주당의 지극한 가르침과 훈육으로 류희는 말을 배우기도 전에 글부터 읽혔다. 처음 출생했을 때 류희는 용모와 신체 발육이 뛰어났다. 그러나 태어나서 얼마 되지 않아 천연두를 앓은 이후 발육이 더뎌져 또래에 비해 늦게까지 기어 다니고 말도 늦었다.

사주당 이씨는 아들의 말문이 또래보다 늦게 터졌어도 상심하지 않았다. 아들이 생각이 많아 말이 더딘 것이라 여겼다. 그러나 류희는 말뜻을 다 알았다. 생후 10개월밖에 안 됐을 때 사주당이 말하는 뜻을 정확히 이해하고 작업을 수행했다. 또 무심코 알려준 '한 일(一)' 자를 기억해 '일' 자가 적힌 책을 입에 물고 기어왔다.

아들이 범상치 않음을 알아챈 사주당의 교육법은 남달랐다. 기초적인 천자문부터 종이에 한 글자씩 써서 방바닥에 늘어놓고 사주당이 한자음을 말하면 걷지도 못해 기어 다니던 어린 류희가 어머니가 말한 글자를 입에 물고 기어 오는 방식이었다. 사주당은 100글자를 묶었다.

사주당의 교육 방법은 효과가 커서 류희는 돌이 되기 전에 글자를 뗐다. 2세 때는 사자성구를 익혔고, 3세 때는 글을 시을 수 있었으며, 4세 때는 어머니가 말씀해주시는 내용을 담아 서울에 계신 아버지에게 편지를 썼다. 더 기가 막힌 것은 7세 때 선비들이 읽는 『성리대전(性理大全)』을 통독하였다는 것이다. 류희는 조선 전기를 대표하는 천재 시인이자 생육신(生六臣)의 한 사람인 매월당(梅月堂) 김시습(金時習)에 비견되는 조선 후기를 대표하는 천재였다.

류희를 말하면서 학계나 문중에서는 타고난 천재였다는 사실에 지나치게 주목하는데 어쩌면 이는 류희를 잘못 이해한 것인지 모른다. 류희가 천재였음이 틀림없지만 이는 어머니의 태교와 교육에 의해 토대가 만들어졌고, 어려서부터 아버지에게 오늘날의 구구단에 해당하는 구장산법(九章算法)을 익히는 등 다양한 학문적 교육을 받음으로써 틀이 잡힌 것이다. 이러한 부모의 교육 아래 타고난 영민함에 다양한 지적 호기심이 더해져 천재가 완성된 것이다.

제아무리 머리가 비상해도 공부에 관심이 없으면 높은 수준의 학문을 소화하지 못한다. 제아무리 머리가 좋은들 공부가 죽기보다 싫으면 뾰족한 방법이 없다. "열 가지를 모두 잘하는 사람은 있어도, 열 가지 모두 못하는 사람은 없다"라는 격언이 있다. 공부하기가 "진짜 죽는 것보다 싫은" 아이는 없다. 공부가 싫은 이유는 흥미를 느끼지 못하기 때문이다. 해결 방법은 흥미를 느낄 수 있는 분야를 찾도록 부모가 도와주는 것이다. 류희의 부모가 그러했다.

아버지의 체계적 교육

류한규는 늦둥이 아들이 대견하고 놀라웠다. 노년의 나이에 접어드는 터라 마음이 다소 급했던 그는 아들이 체계적으로 공부할 수 있도록 정성스럽게 커리큘럼을 짰다. 천재를 가르치려면 상당한 내공이 필요했고 정신을 똑바로 차려야 했다. 류한규는 전방위로 아들 교육에 나섰다. 책상머리에 앉아서 책으로만 하는 공부여서는 안 된다고 판단한 류한규는 지인 가운데 당대 최고의 석학에게 인사를 시키고 잠시나마 교육을 부탁하기도 했다. 문장가로 유명한 월암(月巖) 이광려(李匡呂)가 무릎에 다섯 살배기 류희를 앉혀놓고 글과 문장을 가르쳤다. 류희의 습득 능력은 스펀지와 같아서 일정 경지에 도달한 석학이어야 아들을 담당할 수 있을 정도였다.

류한규는 아들의 견문을 넓힐 수 있도록 직접 현장에 데리고 다니기로 했다. 경릉령에 부임한 류한규는 류희를 임지로 데리고 가서 바깥세상을 구경시켰다. 그곳에서 역학의 대가였던 정철조(鄭喆祚)에게 데려가 역학을 논할 기회를 주었다. 당시 7세였던 어린 류희는 놀랍게도 역학에 대해서 막힘없이 논할 수 있는 수준에 이르렀다.

　　류한규는 아들이 주자학에만 매몰되지 않도록 신학문인 산법(算法)을 가르쳤고, 『주역(周易)』의 이치를 통해 천문지리에 관심을 갖도록 유도했다. 유학 오경(五經)의 하나인 『주역』은 삼라만상의 이치를 64괘로 풀어내는 것으로, 오늘날의 천문학에 철학과 사상, 정치와 윤리를 더한 가장 높은 경지에 자리한 학문이었다.

　　성인이 된 후 천문지리에 호기심을 가진 류희는 신학문을 습득했고 그것을 실사구시적으로 실천할 방법을 모색했다. 류희는 주자학을 기본으로 하되 현실에 접목할 수 있는 살아 있는 이론을 정립하기 위해 부단한 노력을 기울였다.

　　이처럼 류희에 대한 아버지 류한규의 영향력은 지대했다. 아버지로 인해서 류희의 실력은 차곡차곡 단계를 밟아가며 급성장했다. 류희는 대부분 한 번 보면 외웠고 설명 없이도 스스로 뜻을 헤아려 류한규는 기쁨 속에서 하루하루를 즐겁게 보냈다. 류희 스스로도 자신의 미래에 대한 기대에 차 있었기 때문에 더욱 열심히 공부했다. 그것이 부모의 사랑에 보답하고 무너진 가문을 일으켜 세우는 길이라고 생각했다. 류희는 좋은 머리만 믿고 공부를 게을리 하는 아이가 아니었다. 학문을 대하는 류희의 자세는 거의 병적으로 적극적이었으며, 생활 태도도 어린아이답지 않게 추호도 흐트러짐이 없었다.

류희는 3세 때부터 옷 입는 범절을 중요히 여겼을 정도로 어른 같았다. 더 커서도 동네 아이들과 함께 연날리기, 팽이치기를 하면서 노는 일이 없었다. 맛있는 반찬 달라고 투정하지도 않았다. 그러나 부자간에 척척 맞던 호흡은 그리 오래가지 않았다. 안타깝게도 류희가 11세 되던 해에 아버지는 배가 딱딱하게 굳어지는 지병으로 세상을 떠났다. 아직 소년인 류희에게는 아버지의 손길이 더 많이 필요했다. 아버지의 죽음은 어린 류희의 앞날을 바꿔놓았다.

2 유아 · 청소년기의 천재적 일화

옛 위인들의 어린 시절에 관해서는 수많은 일화가 전해오고 있지만 단연코 류희의 일화가 으뜸이다. 다만 류희는 벼슬길에 올랐던 인물이 아니었기 때문에 놀라운 일화가 세상에 드러난 적이 없을 뿐이다.

류희는 생후 1년이 채 되기도 전인 10개월 때부터 세상을 놀라게 하는 일화를 쏟아냈다. 어쩌다 한번 있는 일이 아니라 일상적이었다. 『태교신기』를 쓴 어머니 사주당의 태교 결과라고 보인다. 실제로 현대에도 미국의 스세딕 부부는 태교를 통해 네 명의 딸을 모두 지능지수(IQ) 160 이상으로 낳았다. 첫째는 IQ 170 이상이었는데 생후 2주에 단어를 말했고, 2개월에 두 마디로 말했으며, 5개월 때 어린이 변기 사용법을 습득했고, 7개월에 글자를 읽었으며, 1세에 중학교 수준의 책을 읽고 피아노를 쳤다. 5세에 고등학교에 진학했으며 11세에 의과대학에 입학했고, 15세에 대학원에 입학했다. 류희의 놀라운 일화도 이처럼 허구가 아니다.

류희의 부인이 남긴 류희 전기에 이러한 일화에 대한 내용이 소상히 소개되어 있다. 류희의 일화는 워낙 놀라워서 당시 도성 안이 떠들썩했다.

류희의 부인은 천재적 인물이었던 남편 류희가 평생 벼슬길에 오르지 못한 채 가난 속에서 농사를 지으며 학자로 묻혀 사는 모습을 안타깝게 여겼다. 남편이 작고하자 시어머니인 사주당으로부터 평소 들었던 류희의 일생을 잘 정리해 전기로 세상에 남겼다. 전기에서 부인은 남편의 천재성과 효심에 주목했다.

류희의 부인은 너무 신이해서 믿기 어려운 일화는 제외하고 주목할 만한 몇 가지 일화만을 간추려 기록했다.

영유아기 일화

생후 10개월, 말귀를 알아듣다

생후 10개월 어느 날 어머니 사주당이 방 위쪽 창가에서 실타래를 감다가 잠시 앉아 쉬고 있었다. 그 틈을 타서 류희가 어머니 쪽으로 다가와 젖을 먹으려고 했다. 어머니는 아기 류희가 꼬물거리고 기어와 품에 안기는 게 하도 귀여워서 "우리 아기가 젖을 먹고 싶구나"라고 얼러주면서 "저기 엄마가 감던 실타래를 이리로 가져오면 젖을 줄게"라고 별 뜻 없이 말했다. 그랬더니 류희가 실타래가 있는 쪽으로 기어가서 실타래를 물고는 어머니에게로 다시 기어오는 게 아닌가.

돌도 채 안 된 아기가 말귀를 알아들을 리도 없고, 기어가서 실 꾸러미를 물고 올 일도 없으련만 류희가 그 뜻을 알아차리는 모습에 어머니가 크게 놀랐다.

1세, 글자를 알다

류희가 돌이 되기 전 어느 날, 어머니 사주당 이씨가 책을 보여주면서 무심히 "이것이 '한 일(一) 자'란다" 하고 말했다. 그랬더니 류희가 어디론가 기어가더니 '일(一)' 자가 쓰인 책을 찾아서 입에 물고 기어 왔다. 신기하게 여긴 사주당이 다른 글자를 알려주었더니 이번에도 어디론가 기어가서 그 글자를 찾아내 물고 왔다.

2세, 사자성구를 이해하다

사주당은 돌 전의 류희에게 현대의 엄마들이 아기 교육에 활용하는 글자 카드를 만들어 교육했다. 흔히 몬테소리 교육법으로 알려져 있고, 현대의 아기들도 요즘은 이 같은 카드로 한글을 익힌다.

사주당은 글자 100개를 추려내 종이 한 장 한 장에 한 글자씩 써서 100쪽 되는 책을 묶어 가르쳤다. 류희는 한 글자도 틀리지 않고 정확하게 깨우쳤다. 이를 본 아버지 류한규가 신기하게 여겨 네 글자로 이루어진 사자성구를 써서 보여주었더니 이것 역시 똑똑하게 알았다.

3세, 의복 예절을 지키다

조선시대에 3세 아이의 바지는 쉽게 용변을 볼 수 있도록 아랫도리를 텄다. 류희는 그 같은 옷을 입기를 거부했다. 하는 수 없이 사주당은 어른의 바지와 마찬가지로 아랫도리 터진 부분을 막아서 입혔다. 류희는 젖을 먹은 후에는 꼭 돌아누워서 잤다. 부모가 옷을 입혀주지 않았다. 어린 류희 스스로 옷을 챙겨 입었기에 어머니는 마지막에 끈만 매어주었을 뿐이다. 어린 류희는 옷을 입을 때 속살이 드러나지 않게 옷을 잘 여며 입었다. 아이답지 않게 이처럼 의복 입는 예절을 갖췄다.

4세, 시를 짓고, 문장을 이해하고, 편지를 쓰다

류희는 4세 때 한시 짓기 연습을 시작했다. 기초적인 형태였지만 4언, 5언으로 된 글을 작성할 수 있었다. 어머니에게 내용을 물어 서울에 계신 아버지에게 편지를 썼다. 4세부터는 무더위에도 버선과 옷을 벗지 않았으며 놀 때도 글자를 쓰면서 놀았다.

이때 류희는 가르치지 않아도 문장의 뜻을 터득했다. 금슬이 매우 좋았던 어머니와 아버지는 바둑 두기를 즐겨 했다. 어느 날 바둑 두기에 빠져서 반나절이나 젖을 주지 않았다. 류희는 4세 때까지 젖을 먹었던 것 같다. 왕실에서 왕자들은 10세까지도 젖을 먹었다는 기록이 있다. 류희는 젖을 달라고 보채거나 울지도 않고 바둑이 끝날 때까지 조용히 기다렸다. 바둑이 끝나자 아버지에게 말했다.

> "아버지께서 얼마 전에 저한테 써주신 책에 보면 '전쟁놀이, 바둑, 장기'는 성인이 멀리해야 한다고 적혀 있습니다."

류희의 부모는 이 말을 듣고 놀랐다. 아버지는 류희에게 글자만을 가르쳤을 뿐, 구절과 문장의 뜻을 설명한 적이 없다. 그런데 류희는 글자를 알자 스스로 뜻까지 파악했으며, 실제 상황에 적용해서 말을 했다.

부모는 아들 류희가 남다른 아이라는 확신을 가졌다. 그날부터 아버지는 좋은 글귀를 써서 벽에 붙여두고 그 뜻을 가르쳤다. 하나를 가르치면 열을 알 정도로 영특한 류희는 한 번 보면 모두 외워버렸다. 그리고 그 뜻을 스스로 아는 경지에 도달해 있었다.

5세, 『성리대전』을 깨우치고, 글을 자유자재로 짓다

류희는 5세 때 『성리대전』의 뜻을 대부분 이해할 수 있었고, 미묘한 의미를 거의 다 깨우쳤다. 류희는 『성리대전』을 밤낮을 가리지 않고 읽었다. 『성리대전』은 중국 3대 황제 영락제 때인 1415년에 편찬되고, 1419년 세종 1년에 조선에 들어왔다. 세종대왕은 유교 국가 조선의 기틀을 마련하기 위해 이 책을 바탕으로 왕의 공부 시간인 경연에서 토론했다. 세종의 업적은 이 책에서 힘입은 바가 컸다. 퇴계 이황은 『성리대전』을 18세에 읽었다.

류희는 5세 때 『공자가어(孔子家語)』도 공부했는데 이 책에는 공자의 얼굴이 그려져 있었다. 어린 류희는 책을 읽기 전에 언제나 책상 위에 책을 올려놓고 두 번 절했다. 누가 그렇게 하라고 가르치지도 않았는데. 류희 스스로 공자를 공경하는 마음이 우러나서 그렇게 한 것이다.

류희는 5세 때 5언구를 4~6구절씩 자유롭게 지었다. 어머니가 두 딸을 가르치기 위해 좋은 글을 모아놓은 책을 만들었고, 아버지가 『교자집요(敎子輯要)』라는 제목을 붙여주었는데, 어느 날 어머니는 「계명잠(鷄鳴箴)」이라는 제목만 써놓고 내용을 채우지 못한 채 고민하고 있었다. 계명잠이란 첫닭이 울면 해야 할 일이라는 뜻이다. 그랬더니 류희는 곧 적합한 말을 지어 보였다.

"첫닭이 울면 일어나서 착한 일을 부지런히 행하는 자는 순

임금을 따르는 무리지만, 첫닭이 울자마자 일어나서 나쁜
짓을 일삼는 자는 도척의 무리들이다.”

류희는 5세 때 소론계 양명학파로 분류되는 이광려의 무릎
에서 글을 배우고 문장을 지었다. 이광려는 명문가 출신으로 인품
과 학문과 문장이 모두 뛰어나 따르는 제자들이 많았다. 그의 시는
당대 제일이라는 소리를 들었다. “문장은 박지원이요, 시는 이광
려”라는 말이 있을 정도였다. 어린 류희가 이처럼 대단한 이광려에
게서 글을 배울 수 있던 것은 그 실력이 이미 큰 스승 아래서 배울
수 있는 경지에 이르렀기 때문이다.

이광려는 조선 양명학의 거두였던 정제두(鄭齊斗)에게서 글
을 배운 강화학파의 일원이다. 또 고구마 재배에 열성이었는데, 조
엄이 쓰시마섬에서 고구마를 가져오자 동래부사에게 고구마를 심
도록 자극해 성공시키기도 했다.

이광려는 류희 집안과 연이 있다. 류희의 할아버지인 류담
은 전주 이씨 덕천군과 이진경의 딸과 결혼했다. 이 같은 인연 때
문에 류희의 아버지 류한규도 명문가 집안이며 시서화에 모두 능
했던 명필가 이광사(李匡師)에게서 서법(書法)을 배웠다. 이광사는
역사서인 『연려실기술(練藜室記述)』을 지은 이긍익(李肯翊)의 아버
지다. 이광사는 원교체(圓嶠體)라는 독특한 서법을 완성했다. 이 서
법은 중국 서체의 범주에서 벗어나 조선화되었다는 의미에서 동

제1장 류희의 생애

국진체(東國眞體)로 불린다.

7세, 『역경』을 논하고 『사략』과 『통감』을 익히다

류희는 7세 때 아버지 부임지인 경릉에 따라갔다가 역학의 대가 정철조를 만나 『역경』을 논했고 시초서법(蓍草筮法)을 배웠다. 이때는 『성리대전』을 통독했다.

『사략(史略)』을 배운 류희는 하루에 8~9 항씩 공부해나갔다. 『사략』 초권을 다 공부한 후에는 『통감(通鑑)』을 배웠다. 류희는 네 줄을 한 번에 읽었다. 글의 줄 수를 한 번에 많이 읽는 것이 좋지 않다는 조언을 듣고는 한도를 30항목씩 정해서 공부했다.

아동기 일화

9세, 「기삼백」에 주석을 달다

류희는 9세 때 『서경』의 「요전(堯典)」 중에서 역법 관련 내용으로 가장 난해하다는 「기삼백(朞三百)」을 제대로 이해하고 주석을 달 정도에 이르렀다. 「기삼백」은 1년이 366일이고 윤달이 있어 그것으로 4절기가 정해지고 1년이 된다는 내용이다.

어느 날 책을 읽다가 쉬는 틈을 이용해 류희가 「기삼백」 부분을 읽고 있었다. 이를 본 아버지는 "네가 그 뜻을 알겠느냐"고 물었다. 류희는 "예" 하고 대답을 했다. 그러자 아버지가 「기삼백」 주석를 하나 지어보아라"고 했고, 이에 바로 주석을 지어 보이자 아버지가 보고 크게 기뻐했다.

「기삼백」은 화담(花潭) 서경덕(徐敬德)이 소년 시절에 15일 동안 몇 천 번을 읽고 나서야 비로소 그 뜻을 터득했을 정도로 어려운 부분이었다. 당시 글 깨나 읽는 선비들조차 이 부분을 이해할 수 없어 건너뛰기 일상이었다. 대번에 그 뜻을 알 수 있던 류희의 천재성이 단연코 돋보이는 일화다.

류희의 아버지는 류희의 비범성에 맞게 학문 지도에 나서 9세 때부터 부친 앞에서 글을 읽게 했다. 아버지는 류희가 읽은 부분의 뜻을 물었고, 류희는 즉각 대답했다. 류희는 공부를 마친 후에는 자기 방에 돌아가 배운 내용을 반드시 복습했다. 류희의 면모가 이러하니 도성에 신동이 났다고 떠들썩했다.

10세, 『두공부집』 두 상자를 읽고, 『맹자』를 익히다

류희는 10세 때 두보(杜甫)를 접하고 평생 자신의 시와 문장의 전범으로 삼고 존경했다. 중국 최고의 시인으로 꼽히는 두보는 시성으로 불렸고 당시의 사회상을 비판해 시로 쓴 역사라는 뜻의 '시사(詩史)'로도 불린다.

두보는 이백(李白)과 함께 중국 역사상 최고의 시인으로 쌍벽을 이뤘다. 이백이 자연과 풍류를 즐기는 도교적인 시를 써서 시선으로 불렸다면, 두보는 사회 풍자와 교훈적 시를 써서 시성으로 불렸다. 두 사람은 서로 친구로 지냈다.

두보는 "시로서 사람들을 놀라게 하지 못하면 죽어도 쉬지 아니하리라"고 하였다.

류희가 10세가 됐을 때 아버지는 류희가 『통감』을 제대로 암기하고 있는지 불시에 점검을 했다. 『통감』15권을 앞에 놓고 무작위로 뽑아 질문을 했는데 류희는 막힘없이 청산유수로 대답했다. 아버지는 류희의 실력에 경탄했다. 아버지는 기뻐하면서 옆에 앉아 있던 30세가 넘은 류희의 사촌형한테 너도 류희처럼 대답할 수 있겠느냐고 물었더니 손사래를 치면서 도저히 그렇게 할 수 없다고 대답했다.

청소년기 일화

11세, 아버지를 잃다

류희는 애석하게도 11세 때 부친상을 당했다. 요즘으로 치면 초등학교 4학년 나이이다. 아직도 철부지 어린아이지만, 류희는 아버지 죽음에 크게 곡을 하며 슬퍼했고 일일이 조문을 받았다.

류희에게 아버지는 학문의 시작이자 끝이었다. 아버지는 어린 류희의 비범성에 놀라워하면서 류희에게 최적의 단계별 맞

춤형 교육을 시행했다. 아버지는 어린 류희가 자랑스러웠고 기쁨
이었다. 훌륭하게 잘 키우고 싶은 마음에 부임지에 어린 류희를 데
리고 다니면서 세상 돌아가는 이치를 보여주고 체험시켰으며, 훌
륭한 학자들로부터 지도를 받을 수 있는 기회를 마련해주었다.

만일 아버지가 10년만 더 살았더라면 어땠을까? 류희의 인
생이 그토록 막막하고 고달프지 않았을 것이다.

류희는 아버지가 별세한 이후부터 삼년상이 끝날 때까지
그렇게 좋아하던 시와 부 짓기를 멈추었다. 떠나간 부친을 매일 애
도하였고, 대상(大祥) 때에는 새벽부터 한낮까지 목숨이 끊어질 듯
슬프게 울어 조문객들이 모두 눈물을 흘렸다.

13세~15세, 삼각법을 익혔고『주역』과 복서에 능통

아버지 삼년상을 마친 류희는 13세가 되자 삼각법을 익혔
다. 대수 관련 수학책인『구장산술(九章算術)』을 터득했다. 생전에
아버지도 역학은 물론 천문과 산술, 의술 등 이과 방면에 뛰어난
소질이 있었다. 류희는 타고난 수학적 두뇌로 수학적 원리와 공식
을 흡수했다.

어느 날 자신의 앞날을 어찌 해쳐나갈지 답답함을 느낀 류
희는 스스로 운명을 점쳤다. 점괘를 읽고 난 후 막막해진 류희는
어머니 사주당에게 자신의 점괘에 대해 말했다.

"제 운명을 점치기 위해 하늘과 땅이 열릴 때부터 제 생년 월일시까지 계산해서 산가지를 두어보았습니다. 그런데 제 운명이 쇠로 만든 항아리인 철옹과 쇠처럼 견고한 성인 금 성에 갇혀 있는 운명수로 나왔습니다. 괴이합니다."

어린 나이답지 않게 천기의 은밀한 일을 꿰뚫은 아들을 보 며 사주당은 얼굴빛을 고치고 타일렀다.

"아이가 어리석게도 어찌하여 하늘의 이치를 아는 척 하는 것이냐?"

속으로 놀란 어머니는 냉정함을 잃지 않으려 아들을 훈계 했으나, 내심 영특한 아들의 재능을 두려워했다.

류희는 점괘대로 '철옹성'에 갇혀 끝내 시골 선비로 일생을 마쳤다. 어린 류희는 자신의 운명을 앞에 놓고 실의에 빠졌다. 유 아기 때부터 옷차림부터 행동거지 하나까지 스스로 단정하게 했 고, 공자 얼굴 그림에 절을 올려 예를 다했으며, 부모에 대한 효성 이 지극한 남다른 인물이 아니었던가.

류희의 아내가 남긴 전기에는 "이 사람을 이리도 탁월하고 특출 나게 내시고서도, 백 가지 일에 한 가지 일만이라도 하늘이 주신 재주와 뜻을 펴보지 못하고 부질없이 그만두게 했으니 어찌 억울하지 않겠습니까?"라고 토로하는 대목이 나온다.

　조종진(趙琮鎭)이 쓴 「남악류진사묘지명」에 류희는 일거수일투족에 책임을 지고 평생을 단 한 번도 포악하고 박덕한 일을 한적이 없지만, 하늘이 정해놓은 운명을 만회할 길이 없었다고 애도했다. 류희 스스로는 물론 진주 류씨 가문에도 원통한 일이다.

　류희는 점괘로 복잡해진 마음을 가다듬으면서 14세 때는 아버지 류한규가 남긴 시문을 모아 필사했다. 15세 때는 『주역』과 복서(卜筮)에 능통한 단계에 올라서 모두가 신기하다고 했다. 천지의 운행과 인간의 운명을 예견하는 일에 관심이 많았던 류희는 주돈이의 『태극도설(太極圖說)』에 심취해 역학에 조예가 깊었다.

3 청년 류희의 꿈과 좌절

청운의 부푼 꿈을 품은 청년 류희

류한규가 조금 더 오래 살았더라면 류희가 청운의 큰 뜻을 펼칠 수 있도록 도움을 주었을 것이다. 류희는 아버지를 여읜 후 소론계 경화사족인 윤형철(尹衡喆)을 스승으로 모시고 과거시험에 필요한 가르침을 받은 것 외에는 특별하게 스승을 모시고 공부를 한 일이 없다.

청년 류희는 과거시험을 통해 입신양명을 하고자 하는 포부가 컸다. 류희가 훗날 자신의 심정을 토로한 시문 곳곳에는 과거급제에 대한 청년 시절의 열망을 보여주는 대목들이 남아 있다.

"철이 들기 전까지 본래 의도는 반드시 높은 관리였다."

"반드시 경천동지하는 사람이 되려고 하였지."

"어렸을 때는 소원도 많아 조그마한 갖풀로 황하를 맑게 하려고 하였다네."

"훌륭한 관리가 되어 공적비를 남기고자 맹세하였다네."

류희는 18세인 1790년에 소과 초시에 합격해 벼슬길에 오를 첫 관문을 무사히 통과했다. 류희가 소과 초시를 볼 때 과거 시험장에서 답안을 막힘없이 써내려가는 모습을 본 주위 사람들은 소과 복시도 무난히 합격할 것이라고 입을 모았다. 도성 안에 류희에 대한 기대감이 넘쳐났다. 류희는 이때부터 호를 방편자(方便子)라고 정했다. 같은 해에 초배 전주 이씨와 혼인을 했다. 그러나 부부금슬이 좋지 않아 끝내 둘 사이에는 자식도 없었다.

류희가 초시에 응했던 것을 보면 출사하겠다는 의지가 확고했음을 알 수 있다. 그러나 류희가 들뜬 마음을 주체하지 못하고 있을 때 어머니 사주당은 아들을 염려했다. 가장 가까이에서 누구보다 아들을 잘 아는 어머니는 류희가 넘쳐나는 재주를 자제하지 못할까 걱정스러웠다. 류희는 요즘 나이로 치면 고등학교 2학년 나이였다.

"만일 대과를 요행히 합격한다 해도 너의 성품이 근졸(謹

拙)하지 못하므로 높고 큰 벼슬이 뜻하는 대로 이루어지기 어렵다. 소과 역시 합격해도 챙겨주는 사람이 없으면 늙도록 벼슬을 얻지 못하고 헛되이 늙기만 하는 사람들도 많다. 그러니 벼슬살이에 뜻을 두기보다는 오히려 살기 좋은 곳을 정하여 그곳에서 하늘이 내려준 너의 참된 심성을 지켜나가는 것이 좋을 듯하다."

올곧고 불의를 보면 참지 못하는 류희의 직설적 성격을 어머니는 근졸하지 못하다고 염려하면서 과거를 포기하라고 설득했다. 세속 정치판에 어울리기 위해서는 권모술수에도 능하고 교언영색하는 처세술이 필요한데 류희의 성격과는 거리가 멀다고 생각한 것이다. 이에 대해 류희의 전기를 쓴 미망인은 "천리에 순응해 흉사를 피하고 길사를 좇고자 한 뜻"이라고 풀이했다.

명석했던 류희는 누구에게든 자신의 학설이나 주장에 대해 가감 없이 직언하는 성격이었다. 말을 삼가고 강약을 조절하는 무던한 성격이 아니었다. 특히 자신이 옳다고 여기면 결코 타협하려들지 않았다. 류희의 아내가 전기에 "재주가 뛰어나고 성품이 올곧아 시류 풍속에 부합하는 바가 적었다. 그런 까닭에 못된 사람들의 모함과 위해를 여러 번 입었다"고 했듯, 사주당은 아들이 벼슬을 하더라도 정치판에서 바른말을 하다 화를 입을 수 있음을 염려했던 것으로 보인다.

당시 정국은 노론이 정권을 장악해 소론계 집안으로서는 살얼음판이나 다름없는 민감한 시기였다. 자칫 말실수라도 했다가는 돌이킬 수 없는 변을 당하기 십상이었다.

노론 득세와 소론의 몰락

류희가 출생하기 전인 숙종(肅宗) 때는 소론이 집권당이었지만 노론의 집중적인 견제를 받았다. 노론이 세자(훗날 경종)를 제외한 조정의 요직을 장악하고 있었고, 소론은 명목상의 집권당에 불과했기 때문이다. 노론은 세자가 병약하다는 핑계로 숙빈 최씨의 소생 연잉군(훗날 영조)을 세자로 옹립하기 위해 숙종을 압박했다. 숙종도 세자 교체를 검토했으나 오히려 혼란만 가중될 것을 우려하여 노론의 압박을 물리쳤다.

숙종은 병석에 눕자 세자에게 대리청정을 시켰다. 소론은 노론을 제거하기 위해 총력을 기울였으나 역부족이었다. 숙종이 승하하고 보위에 오른 경종(景宗)은 병약하였고 후사가 없었다. 경종이 보위에 올랐으나 실권은 노론이 틀어쥐고 있었다.

이윽고 연잉군이 왕세제(王世弟)에 책봉되었다. 그러나 경종이 보위에 있던 4년은 노론이 초토화되던 시기였다. 세자의 대리청정을 반대했던 노론의 4대신(이이명, 김창집, 조태채, 이건명)이

유배지에서 죽임을 당했고 왕세제인 연잉군의 목숨은 풍전등화의 신세가 되었다.

소론은 왕세제 연잉군을 폐할 것을 줄기차게 주청했으나 이복동생을 지극히 아꼈던 경종은 이를 물리쳤다. 4년간 보위에 있었던 경종이 석연치 않은 이유로 죽고 1724년 마침내 왕세제 연잉군이 보위에 올랐다. 영조가 역사의 전면에 등장한 것이다. 노론은 기사회생했고 소론은 하루아침에 몰락의 길을 걷게 됐다.

영조는 보위에 오른 후 이복형 경종을 독살했다는 세간의 소문에 골머리를 앓아야 했다. 경종 독살설을 정면으로 제기한 사람은 남인 출신 이인좌로, 영조 4년에 난을 일으켰으나 관군에 패하여 1728년 3월 27일 한성부 군기지 앞에서 거열형으로 처형되었다.

이때부터 노론은 조정을 장악하고 소론과 남인을 핍박했다. 영조는 손자인 정조(正祖)가 즉위한 1776년까지 52년이라는 조선시대 최장수 재위 기간을 기록했다. 영조는 노론과 소론, 남인의 틈바구니에서 탕평책을 쓰는 등 안간힘을 썼으나 노론의 권력을 넘어설 수는 없었다. 이러한 와중에 소론의 지지를 받았던 사도세자가 1762년 향년 27세의 젊은 나이에 노론의 음모로 뒤주에 갇혀 죽는 사건이 발생하였다. 사도세자가 죽고 왕세손이던 정조가 즉위하였다.

류희가 4세이던 1776년의 일이다. 사주당과 류희는 당쟁이

과열되던 영조 치세에서 태어났다. 류희의 아버지 류한규는 이들
보다 앞선 숙종 43년(1717년)에 태어났다.

개혁군주 정조의 죽음과 류희에게 드리운 먹구름

정조는 노론의 독주를 견제하며 노론도 소론도 아닌 남인
을 요직에 등용했다. 남인인 채제공과 정약용을 신임하여 중책을
맡기는 등 개혁정치를 펼쳤지만, 재위 24년이 되던 1800년 8월
18일(음력 6월 28일)에 갑자기 석연치 않은 죽음을 맞이하였다. 류
희가 28세 되던 해다. 류희가 과거 급제할 수 있는 기회에 영영 먹
구름이 끼는 전조(前兆)였다.

류희는 정조 치세에서 유년기와 청년기를 보냈다. 정조는
정약용으로 대표되는 조선의 실학자들을 대거 등용하여 조정의
일대 개혁을 단행하였으나 불행하게도 49세라는 한창의 나이에
승하했다. 정조의 죽음으로 조선의 국운이 급격히 기울었다.

류희는 정약용보다 11년 늦게 태어났다. 시대적으로 정약
용보다 늦게 태어난 탓에 그가 갈고닦은 학문과 기량을 실천해볼
기회조차 얻지 못했다. 정조의 갑작스러운 죽음은 노론의 완벽한
권력 장악으로 이어졌다.

정조의 뒤를 이어 순조(純祖) 시대가 열렸다. 류희가 중장년

시절을 보낸 순조 시대에는 60년간 이어진 안동 김씨의 세도정치가 시작되었다. 조정에 연줄도 없고 재산도 없는 류희가 노론이 득세하고 세도정치가 시작된 순조 임금의 조정에 나갈 수 있는 방법은 없었다.

이러한 시대적 상황에서 류희가 할 수 있는 일이라곤 재야의 학자로서 학문에 정진하는 길밖에 없었다. 류희가 중장년기로 들어서면서 조선 조정은 당쟁조차도 허용되지 않는 암울한 세도정치의 깊은 나락으로 빠져들었다. 조선 후기의 마지막 희망이었던 정조 임금이 급서하고 11세 나이에 왕위에 오른 순조는 정순왕후 김씨가 수렴청정을 통해 정사를 보는 동안 꼭두각시처럼 앉아 있는 명목상의 임금이었다.

영조의 계비인 정순왕후는 대왕대비의 신분으로 강경파인 노론 벽파(僻派)의 정점에 위치했다. 정순왕후는 대규모 천주교 박해인 신유박해(辛酉迫害)를 통해 천주교 신자가 많았던 남인을 뿌리까지 숙청하고, 은언군(철종의 조부이자 사도세자의 서자) 내외를 역모로 몰아 처형했다. 당시 조정은 천주교를 사학(邪學)으로 규정하여 박해했는데 정약전·정약용·정약종 형제도 화를 입어 정약종은 참수형을 당했고 정약전과 정약용은 유배를 당했다. 정약용은 순조 18년 유배에서 풀렸으나 정약전은 유배지인 흑산도에서 생을 마감해야 했다.

이러한 정세에서 류희 역시 은둔에 들어갈 수밖에 없었다.

류희의 사촌 매형인 서유본(徐有本, 빙허각 이씨의 남편)과 그의 동생 서유구(『임원경제지』 저자) 형제도 농촌에 칩거하여 자의반 타의반으로 근신하였다. 류희의 현실적인 돌파구는 농사를 지으면서 집필에 몰두하는 것이었다.

세도정치 시대와 류희의 과거시험 재도전

정조는 몸에 이상을 느끼면서 서둘러 후궁인 수빈 박씨가 낳은 순조를 세자에 책봉하고 안동 김씨 김조순의 딸(순안왕후)을 세자빈으로 간택했으나 혼례를 보지 못하고 급서했다. 순조가 등극하고 수렴청정으로 권력을 장악한 정순왕후 김씨는 남인을 제거하면서 민심이 흉흉해지자 정조가 시행하려고 준비했던 공노비 6만 6,000명을 해방하여 양인으로 삼는 무마책을 썼다.

순조의 장인인 김조순은 정조의 충신이었고, 노론의 온건파인 시파(時派)에 속하는 인물이었다. 김조순은 순조가 직접 나라의 정사를 돌보게 되자 노론의 강경파인 벽파를 무력화하기 시작했다. 노론 벽파를 실각시킨 후 김조순은 시파를 중심으로 권력을 장악하고 안동 김씨 세도정치의 기틀을 다져갔다. 순조의 비인 순안왕후는 효심이 깊고 부덕(婦德)이 높기로 이름 높았다. 철종(哲宗)의 왕비 철인왕후의 아버지 김문근은 김조순의 조카이다.

김조순은 순조가 16세에 친정(親政)에 들어가고 정순왕후가 사망하자 노론 벽파를 정조의 어지를 어긴 역적으로 몰아 숙청하였다. 벽파의 영수였던 김종수와 심환지는 관직을 삭탈당했고 정순왕후의 6촌으로 권세를 누렸던 김관주를 비롯한 경주 김씨 일문은 모조리 밀려났다. 이것이 1806년(순조 6년)의 병인경화(丙寅更化)이다.

류희는 1825년(순조 25년)에 53세라는 늦은 나이로 소과 생원시에 응시해 3등으로 합격했다. 그러나 4년 후에 열린 본과에는 응시하지 않고 포기해버렸다. 세도정치의 나락에 빠진 조선에는 미래가 없다고 여겼기 때문이다.

이 시기 실록에는 조정에 연일 파직, 탄핵, 유배, 국문, 해임 등의 처벌과 관직 제수 및 시상 등 상벌 관련 기사가 쏟아졌다. 만약 조선의 마지막 희망이었던 효명세자(1809~1830·추존 문조)가 의문사하지 않고 왕좌에 올랐다면, 류희는 말년에 짧게라도 조정에 출사해 인생이 달라졌을 것이다.

조선시대에는 비운의 세자가 세 명이 있는데 뒤주에 갇혀 죽임을 당한 사도세자와 소현세자, 그리고 효명세자였다. 세 명의 세자는 하나같이 영민했다. 이들은 세자 시절 아버지로부터 죽임을 당했거나 의문사한 세자들로, 영화나 드라마의 주인공으로도 자주 등장한다. 만약 이들이 왕이 되었더라면 조선의 미래가 조금은 달라졌을 것이다.

소현세자는 병자호란 때 청나라에 볼모로 잡혀가 서양의 선진문물을 접했고 국제적 감각을 갖췄던 인물로 조선 근대화를 계획했으나 아버지 인조에 의해 독살당했다.

순조의 적장자인 효명세자는 조선조 개국 이래 가장 영민한 세자로 꼽힐 만큼 성군의 자질을 타고난 인물이었다.『조선왕조실록』에 의하면 1827년에 순조가 세자에게 섭정을 명하자 조정의 신료들은 쌍수를 들어 환영했다고 한다.

효명세자는 학문은 말할 것도 없고 타고난 천품이 공명정대하고 예술 방면에도 조예가 깊었다. 효명세자는 창덕궁과 창경궁을 그린 〈동궐도(東闕圖)〉 제작에 직접 참여하였고 서화(書畵)에 뛰어났다. 효명세자는 대리청정 기간(1827~1830)에 단호한 일 처리로 신료들의 신망이 두터웠고 인사권도 온전히 위임받아 삼공육경(三公六卿)의 인사도 전결하였다. 이것은 부왕인 순조가 효명세자의 능력과 인품을 전적으로 신뢰하고 의지했기에 가능했던 일이었다.

효명세자가 발탁하고 기용한 인물 중에 대표적인 인사는 연암 박지원의 손자이자 구한말 개화파의 시조로 불리는 문익공(文翼公) 박규수(朴珪壽)이다.

만약 효명세자가 왕위에 올라 20~30년 정도 재위했다면 조선의 역사는 달라졌을 것이다. 섬에서 나무지게를 지다가 갑자기 끌려나와 왕위에 오른 강화도령 철종이나 쇄국정책을 펼친 홍

선대원군도 역사의 전면에 등장하지 못했을 것이다.

효명세자는 조선이 다시 중흥할 수 있는 마지막 기회였다고 역사학자들은 이구동성으로 말한다. 그러나 국운이 박복하여선지 할아버지 정조를 능가하는 능력과 성군의 자질을 갖춘 효명세자는 불과 21세의 나이에 안동 김씨의 견제를 극복하지 못한 채 원인불명의 병으로 피를 토하고서 요절하고 말았다.

정약용은 서양의 의술이라도 동원하여 효명세자를 고치려 했고 외조부인 김조순도 동의했지만, 어의들의 반대로 때를 놓치고 말았다. 참으로 안타까운 일이다.

순조가 죽고 효명세자의 아들이 8세의 나이에 왕위에 오르니 헌종이다. 헌종은 할아버지 순조보다도 더 어린 나이에 보위에 올라 효명세자의 세자빈이었던 신정왕후 조씨가 수렴청정하게 되었다. 안동 김씨의 세도정치는 헌종이 즉위하고 풍양 조씨에 의해 제동이 걸렸다.

류희는 헌종 4년(1837년)에 사망했는데 풍양 조씨의 세도정치가 본격적으로 시작되던 시점이었다. 하지만 세도정치의 큰 축은 여전히 안동 김씨 일문이었다.

3 청년 류희의 꿈과 좌절

몰락한 경화사족 가문에서 태어난 류희의 비애

류희는 7세 때『성리대전』을 통독할 만큼 성리학에 조예가
깊었다.『성리대전』은 명나라 성조(成祖) 영락제(永樂帝)가 호광(胡
廣) 등 42명의 학자에게 명하여 편찬한, 송대의 유학자 120가(家)의
저술과 학술을 수록한 것이다.『성리대전』은 중국 명나라는 물론
조선조 통치의 교본으로 사용되었다. 과거시험도『성리대전』의 범
위에서 출제되었다. 오늘날 사법시험이 육법전서에서 출제되었듯
이 조선조에서 관리로 등용되려면『성리대전』에 통달해야 했다.

7세에『성리대전』을 술술 읽어낸 류희는 과거에 응시하고
오로지 실력으로 급제자를 뽑는다면 전시 장원급제할 가능성이
컸다. 실제 류희는 정조 15년(1791), 그의 나이 열여덟 때 소과 초
시에 급제했으나 그 이후의 과거시험 과정을 포기해버렸다. 그가
과거를 포기한 것은 어머니의 권유도 있었지만, 시대적 상황이 더
큰 이유로 작용했다고 짐작된다.

정조는 왕권을 강화하여 남인을 요직에 등용하려고 노력하
였으나 관리의 등용을 책임진 이조판서는 여전히 노론이 장악하
고 있었다. 게다가 불행하게도 조선조의 과거시험은 특별한 경우
를 제외하면 시험도 보기 전에 급제자가 미리 정해졌다. 음서제도
의 폐단이었다. 노론의 장기 집권은 과거시험에 자파 고관대작의
혈족과 지인을 대거 등용시키는 방법으로 유지되고 강화되었다.

류희가 『성리대전』에 통달했어도 그가 장원급제한다는 것은 불가능했다. 이처럼 조선 후기의 정치 상황과 조정의 세력 관계를 보면 류희가 출사를 포기할 수밖에 없던 이유를 이해할 수 있다. 당시의 조선 조정은 실력보다는 연줄이 우선이었고, 노론계 핵심 권력자들의 피붙이거나 동문수학한 지인이 아니면 경쟁조차 할 수 없는 풍토였던 것이다.

류희 가문은 원래 소론계 경화사족에 속하는 사대부 집안이었다. 연산군을 몰아내고 중종반정에 공을 세워 영의정을 지낸 문성공 류순정의 현달로 명문으로 자리매김했다. 그렇게 한동안 탄탄대로를 걸었으나 류희의 증조부 류응운의 형들인 류성운, 류진운이 소론계에 속하면서 점차 중앙 권력에서 밀려나기 시작했다. 영조가 등극하며 노론이 정권을 장악한 탓이다. 결정적으로 류희의 종조부 류수(조부 류담의 형으로 소론의 거두 남구만에게 수학)가 1755년에 발생한 역모 사건인 을해옥사(나주괘서 사건)에 연루되어 화를 당하면서 류수는 유배지로 가던 중 옥사했고, 누명을 쓴 류희의 아버지 류한규는 벼슬을 버리고 용인으로 낙향해야 했다. 역시 누명을 쓴 아버지의 동생 류한기는 출옥 후 죽음을 맞으면서 가문이 풍비박산했다.

류희는 이처럼 치죄를 당한 몰락한 소론계 집안에서 태어난 것이 근본적인 한계였다. 이러한 사정을 누구보다 잘 아는 어머니 사주당은 아들이 벼슬에 나가는 것을 반대했다. 아직 성숙한 나

3 청년 류희의 꿈과 좌절

이에 채 이르지 않은 어린 아들을 온존히 지키고자 하는 최선의 방책이었다고 보인다. 또 아들이 출사하지 못하는 신세를 비관할까 우려한 지극한 모정의 발로였다고 볼 수 있다.

언감생심 소론 계열의 몰락한 가문 출신으로 과거에 응시한다 해도 공정한 평가를 받기란 불가능한 시대였다. 류희의 종조부가 만일 을해옥사의 적극적인 가담자였다면 멸문지화를 당하고 류희는 태어날 기회조차 얻지 못했을 것이다.

진주 류씨 목천공파 문중에는 류희가 재주가 뛰어났으나 어머니 사주당의 권유로 벼슬길에 나가지 않았다는 것을 못내 아쉬워하는 사람들이 있다. 이것은 양반 가문을 평가하는 척도가 문중에서 얼마나 많은 과거 급제자와 삼공육경의 관직에 오른 조상이 있고 없는가로 판가름되던 세태에 기인한다고 보아야 한다.

류희가 벼슬을 하지 않았기에 그에 대한 공식적인 기록은 별로 없지만, 그가 남긴 저작물과 사적인 기록을 종합하면 그는 한 세기에 한두 명 나기 힘들 정도로 뛰어난 천재였다는 것이 확실하다.

앞서 기술했듯이 류희는 7세에 『성리대전』에 통달할 정도의 천재였다. 하지만 그는 아버지가 56세에 낳은 늦둥이 아들이었다. 생물학적으로도 아버지와 함께할 시간이 길 수 없던 것이 또 하나의 한계점이었다. 류희는 어려서 아버지를 여읜 채 어머니와 누이들 사이에서 자라야 했다. 더욱이 명군이었던 정조가 그가 출사할 적령기(27세)에 승하하면서 권문세가와 노론 벽파가 장악한 조정에 몰락한 소론 계열 가문의 류희가 출사하기란 쉽지 않았다.

4 학자의 삶을 택하다

인맥 사회인 조선의 병폐

류희는 가문이 영락해 주변에 자신을 벼슬길로 이끌어줄 사승(師承)도 없었다. 인맥 사회인 조선 후기에 가문이 보잘 것 없고 인맥마저 없다면 과거에 급제해도 벼슬길로 나아가기란 하늘의 별 따기였다. 게다가 아버지가 관직을 버리고 고향으로 내려왔으니 경제적으로도 궁핍을 피하기 어려웠고, 아버지마저 세상을 떠난 후에는 살림살이가 더욱 곤궁해졌음을 짐작할 수 있다.

류희는 5세에 이광려에게서 글을 배웠고 7세에 양명학에 조예가 깊었던 정철조에게 『주역』을 배웠다. 정철조는 연암 박지원의 교우로 일찍부터 실학에 심취하여 서양의 천문과학에도 상당한 조예를 갖춘 인물이다. 정철조는 도르래를 직접 만들고 기중기의 원리를 연구하기도 하였다. 그러나 류희는 11세에 부친상을 당한 후에 스승을 찾기가 쉽지 않았다.

류희는 아버지의 평생지기로 청하현감을 지낸 윤형철의 지도로 과거시험을 준비하여 열여덟에 소과 초시에 합격했다. 그러나 아깝게도 그 후 과거시험을 포기해버리고 말았다. 그 후 경학을 배운 윤광안(尹光顔)과 한글을 독창적으로 연구하게 해준 정동유(鄭東愈) 등 세 명의 스승이 있을 뿐이다.

류희가 잠시나마 가르침을 청한 스승들은 소론 계열로 양명학에 해박한 인물들이었다. 류희의 주변 인물들은 당시에는 조선에서 가장 개화된 사람들이었다. 그러나 조정은 성리학을 신봉하는 노론이 장악하고 있었다.

류희는 그 시대의 선각자들이 대개 그러했듯이 시대를 잘못 만난 불운한 천재였다. 류희가 살았던 조선 후기의 정치 상황과 학문적 조류를 면밀하게 살펴보지 않으면 그가 왜 농사를 지으며 학문에만 전념해야 했는지 명확하게 설명되지 않는다. 류희는 재주는 넘쳤지만, 당시의 지배 계급 내에서는 철저한 비주류로 소외당해야 했고, 거기서 벗어나기란 불가능했다.

남편 사후에 사주당은 어떻게든 어린 자녀들을 가르치고자 최선을 다했다. 밭을 일굴 변변한 호미조차 없는 빈한한 살림 속에서도 아들을 스승에게 보냈고, 딸들에게 아궁이에 불 때는 일을 시키지 않고 책을 읽혔으리만치 교육열이 높았다. 그러나 아들 뒷바라지를 지속적으로 할 형편이 되지는 못했던 듯하다. 보통 과거시험을 보려면 부모의 등골이 휠 정도로 경제적 부담이 컸다. 더구나 이때 류희가 결혼까지 하여 아내를 돌봐야 하는 상황에 놓이자 과거시험에만 전념하기는 더 어려웠다.

비록 사주당의 학식이 높았다고는 하지만 가부장제 봉건사회에서 45세의 미망인으로 변변한 재산도 없이 1남 3녀(사주당은 전처 소생인 장남 류흔에게 부담을 주지 않고자 남편이 사망한 해에 마산리에서 현 한국외대 일대인 관청동으로 분가)를 키우기란 여간 어려운 일이 아니었다. 사주당의 친정 역시 영락하여 도움을 받을 처지도 못 되었다.

물론 사주당의 치산 능력이 뛰어나 가세는 점차 회복됐다. 그러나 류희가 초시에 합격했던 18세 때는 아버지가 돌아가신 지 7년이 지난 뒤다. 살림살이가 조금씩 좋아졌다고는 하나 여전히 힘겨웠을 테고 사주당도 나이가 들어 많은 일을 하기가 쉽지 않았을 것이다.

류희가 집안 생계를 걱정해야 하는 형편이었다. 먹고 살 일이 큰 걱정거리였던 상황에서 힘을 쓸 수 있는 남자라고는 집안에 류희가 유일했으니 그로서도 집안 형편을 나 몰라라 한 채 공부에만 전념하는 것이 결코 마음 편하지 않았을 것이다.

입신양명에서 학자의 길로 전환하는 류희

청년 류희는 재주도 빼어나고 세상을 위해 큰일을 하고 싶은 욕망 역시 컸기에 입신양명의 길을 포기하는 데 내적 갈등이 컸다. 그러나 그를 둘러싼 여러 상황이 출사를 단념하는 쪽으로 흘러갔다.

류희가 19세 때인 1791년(정조 15년)에 52세 된 사주당이 병을 얻어 매우 위독했다. 류희는 손가락을 베어 혈서를 써서 천지신명에게 자기의 수명을 덜어 어머니의 목숨을 연장해달라고 사흘 밤낮을 빌었다. 병환이 낫고서도 무병장수하기를 하늘과 땅에 빌었다. 이토록 효성이 지극한 류희로서는 어머니의 건강이 제일 걱정됐고, 과거시험을 포기하고 명산에 복거하며 천진을 지키라는 어머니의 말씀을 거역할 수 없었다.

이듬해인 1792년 류희가 20세가 됐을 때 역병과 기근이 심하게 들자 큰 형 류흔이 전장(田莊)을 다 파는 등 집안 경제가 풍비박산의 지경에 이르렀다. 이제 류희가 집안 경제를 책임져야 했다.

류희는 설상가상으로 22세가 되던 1794년(정조 18년)에 억울한 귀양살이를 겪어야 했다. 칠촌인 류성태(柳聖台)의 과거시험 부정 사건에 휘말린 것이다. 한 해 전인 1793년 류희는 사학생도나 특권층을 대상으로 특혜를 주는 시험인 공도회(公都會)에 응시하러 양지현에 갔다가 향교에 들어가서 다른 사람들과 소란을 피

4 학자의 삶을 택하다

운 일이 있었다. 몇 달이 지나 이 사건이 와전돼 류희를 포함한 유생들이 향교의 위판(位版)을 더럽혔다는 소문이 퍼져나갔다. 이는 나중에 거짓으로 꾸며낸 무함으로 드러났지만, 이미 류희가 귀양을 간 다음이었다. 그런 진실이 귀양 후에 밝혀져 류희는 양지옥(陽智獄)에 수감되었다가 전남 해남에서 1년이 넘는 귀양살이를 겪어야 했다. 23세가 된 1795년에 억울한 귀양살이에서 풀려나 고향인 용인 모현촌으로 돌아왔다.

24세가 되던 해에는 소론의 영수 윤증(尹拯)을 옹호하다가 구설수에 올라 곤욕을 치른 일이 있었다. 이때 온갖 모함과 권모술수가 난무하는 혼탁한 정치 세계의 실상을 접하며 정계 진출의 관문인 과거를 완전히 포기했다. 어머니가 과거를 포기하라고 한 뜻을 충분히 이해했고 학문에 정진하는 또 하나의 계기가 되었다.

이때 류희는 윤증을 옹호하기를 "예전에 이름난 현인 중에 공론을 앞서 이끌어 권력에 맞선 사람으로 남구만 같은 사람이 없다. 진실로 우리 당은 윤증을 스승으로 높이기에 그가 없으면 우리 당도 없다. 우리 당이 쇠약해 죽은 스승에게 욕을 끼쳤고 치욕을 씻지 못했다. 이는 결자해지의 의리를 잃은 것이다"고 하여 소론임을 드러냈다.

25세가 되자 류희는 입신출세를 포기하고 모현촌 관청동에 터전을 정해 본격적으로 농사를 짓겠다고 다짐했다.

26세가 되자 이전까지 사용하던 방편자라는 호를 대신해

관청농부라는 호를 사용하기 시작했다. 스스로를 농부라고 칭해 과거시험에 대한 포기를 다짐한 것으로, 이후부터는 과거와 관련한 습작이 거의 사라졌다. 그러나 이때까지도 과거를 향한 류희의 내적 갈등은 완전히 정리된 것이 아니었다.

1800년 28세가 된 류희는 그해 초에 서울의 친지 집에 머물렀다. 과거 응시가 목적이었는지 정확하게 밝혀진 바는 없지만 3월 21일에 정시(庭試)가 열렸으나 응시하지 않고 시류에 부합하지 못하는 자신을 자조하는 「이이가(已已歌)」를 짓고서 용인으로 내려왔다. 시는 고위 관리를 찾아가 뇌물을 바쳐야 급제할 수 있는 과거시험의 비리를 폭로하고, 그런 풍조를 따르지 못하는 자신의 성품을 한탄하는 감정을 토로하는 내용을 담고 있다. 과거 말고도 다른 곳에서 삶의 보람을 찾고자 하는 내용을 표현하기도 했다.

류희는 비록 관직에 나아가지는 않았지만, 다양한 학문을 접하고 정진하며 치열한 삶을 살았다. 벼슬을 하지 못한 것은 불운이었지만 학자로서는 오히려 행운이었다고 할 수 있다. 결과론적으로 개인은 고단한 삶을 살았지만, 현재를 살아가는 우리에게는 그의 고난이 문화적 축복이었다고 할 수 있다.

말년에 류희는 둘째 누나가 과거시험을 보지 않아 양반 신분을 잃게 될까 염려하자 53세(1825)에 소과에 응시해 3년마다 한 번씩 열리는 식년시 생원 시험에 합격했다. 물론 그 뒤로도 벼슬길에 나아가지는 않았다. 이 때 이름을 경(儆)에서 희(僖)로 바꾸었

4 학자의 삶을 택하다

다. 새로운 이름에는 조심하고 두려워하고 삼간다는 의미가 담겨 있다. 생원시에 합격한 후 4년이 지난 1829년에 그의 나이가 벌써 57세에 이르렀다. 이때 창경궁의 춘당대에서 섭정 왕세자인 순조 원자가 친히 지켜보는 가운데 치러진 황감시에서 부(賦)로 겨루어 3등 3급으로 합격했다. 서파는 생원으로서 바로 대과 복시에 응시할 수 있는 자격이 주어졌으나 관리로 나가는 최종 등용문인 대과 복시에 응시한 기록은 없다.

서파는 이때 과거시험에 응한 것을 자조하는 시를 남기기도 했다. 당시는 안동 김씨의 세도정치가 극성을 부리던 때로 본과에 응시해도 뇌물을 바치지 않으면 급제를 장담할 수 없거니와 늦은 나이에 벼슬을 한다는 것이 남우세스러운 일이라 여겼기 때문으로 보인다. 다만 양반 신분을 유지하는 것은 매우 중요한 문제였기 때문에 누이의 권유에 따라 응시했던 것으로 보인다.

류희는 생원이었지만 묘지명 등에 '류진사'로 부르는 것은 '생원'보다 '진사'의 사회적 존경도가 대체로 높았고, 소과 합격자를 통칭하여 진사로 부르는 시대적 분위기 때문으로 추측할 수 있다.

진취적인 청나라와 잠자는 조선

역사학자들은 정조의 개혁정치가 실패한 것을 조선의 국운이 기울기 시작한 서막으로 본다. 만약에 정조가 영조처럼 82세까지 살았다면 조선의 역사는 어떻게 달라졌을까? 부질없는 일이지만 정조가 만약에 20년만 더 살았어도 우리나라 역사는 긍정적인 방향으로 달라졌을 것이다.

조선과 국경을 맞대고 있는 청나라는 300만 명도 채 못 되는 만주족(여진족)이 1억 명에 달하는 한족과 수십여 민족을 점령하고 지배하면서 태평성대를 이루었다. 강희제(4대), 옹정제(5대), 건륭제(6대) 시기는 청나라 최고의 전성기이며 역사가들은 이때를 강건성세(康乾盛世)라고 말한다.

청나라는 1627년(인조 5년) 정묘호란에 이어 1636년(인조 14년) 병자호란을 일으켜 조선을 신하국으로 복속시키고, 1647년 산해관을 넘어 북경에 입성했다. 이자성의 난으로 명나라 마지막 황제 숭정제가 자결하여 내부로부터 붕괴된 명나라를 대체한 청나라는 유구한 문명과 문화를 자랑하는 콧대 높은 한족을 이후 296년간 지배하고 통치했다.

태조 누르하치(여진족을 통일하고 후금을 건국)에 이어 후금의 2대 황제에 오른 태종(홍타이지)은 대청(大靑)으로 국호를 바꾸었다. 북경 자금성에서 즉위한 최초의 청나라 황제 순치제(順治帝)가

4 학자의 삶을 택하다

재위 18년인 1661년 사망하고, 불과 8세 때 황제가 된 제4대 황제 강희제(康熙帝)는 어리지만 명민한 군주였다. 불과 열다섯 나이에 섭정 정치를 펼치던 보정대신들을 제거하고 친정 체제를 구축하였다. 강희제는 이어서 오삼계가 주축이 된 삼번(三藩)의 난을 신압하고 북방의 유목 부족 연합체인 준가르를 복속시켜 영토를 몽골까지 확장했다. 또한 정성공(鄭成功)이 다스리던 대만을 정벌하여 청나라 영토에 편입시켰다.

강희제는 중국 역사상 가장 현철한 황제로 평가되는 군주였다. 강희제는 61년간 제위(帝位)에 있다가 1722년에 사망했다. 중국 역사상 가장 긴 재위 기록이다. 이 무렵의 조선은 숙종이 죽고 경종이 왕위에 올라 2년을 넘긴 시점이다. 류희의 아버지 류한규는 이때 6세였다.

강희제가 죽고 제위에 오른 옹정제(雍正帝)는 13년간 재위했는데 국가의 내실을 다지는 데 주력했다. 옹정제는 45세라는 늦은 나이에 제위에 올라 치세 기간은 짧았으나 청나라의 재정을 튼튼히 하는 데 주력하였고 성공했다.

이어 건륭제(乾隆帝)가 25세의 젊은 나이에 제위에 올랐다. 이때는 조선 영조 11년(1735년)으로 사주당이 태어나기 4년 전이다. 건륭제는 조선 숙종 37년(1711년)에 태어나 1799년까지 무려 89세(만 88세)를 살았는데 이것은 고대 중국의 신화 시대를 제외하면 역대 중국 황제 중 최장수 기록이다. 건륭제는 1735년에 제위에 올라 1796년까지 만 60년 동안 제위에 있다가 가경제에게 양위하고 4년을 태상황제(太上皇帝)로 있었다.

건륭제는 청나라가 가장 융성했던 황금기를 열었고 중국 역사상 가장 넓은 영토를 보유했다. 건륭제 시절 청나라의 영토는 1,470만 제곱킬로미터에 달했다. 중국 역사상 원나라를 제외하고는 최대 영토였다. 북방의 유목민족인 여진족의 이름을 만주족으로 바꾸고 중국의 법통을 계승한 청나라는 중국 역사에서 가장 강성한 국가를 건설했다. 물론 원나라를 제외하고서 말이다. 당시 최대 민족인 한족은 만주족 황제의 통치를 다행스럽게 여길 정도로 윤택해진 생활에 만족스러워했다.

청나라는 18세기 전 기간에 걸쳐 명실상부한 G1이었다. 19세기 들어 청나라가 쇠락하면서 G1은 대영제국으로 넘어갔다. 19세기 영국은 인도, 아프리카의 4분의 1을 식민지로 삼고 아편전쟁을 통해 청나라를 짓밟았다. 청나라가 무력화되자 영국의 동남아시아 점령은 덤이었다. 20세기와 21세기 초반의 G1은 미국이다. 그리고 지금은 중국이 다시 굴기하여 21세기 후반의 G1을 놓고 미국과 패권 경쟁을 벌이고 있다.

청나라가 18세기 G1으로 부상한 것은 강희제, 옹정제, 건륭제라는 세 명의 걸출했던 군주들이 한족을 포용하고 백성을 중심에 둔 정치를 했던 실사구시적 개혁의 결과이다. 강희제 치세부터 건륭제 치세 초까지 청나라는 천주교에 대한 부분적 포교를 허용할 정도로 유연했다. 건륭제 치세 말에 이르러 천주교 포교를 금지하고 사제들을 추방했지만 처형하지는 않았다.

청나라가 강성해질 수 있었던 것은 유목민족 특유의 진취적인 기상 덕분이다. 아울러 같은 부족은 노예로 삼지 않는 풍습에 기인한 바 크다. 건륭제는 재위 15년(1750년)에 노비제도를 철폐했다. 노비제 철폐는 비약적인 인구 증가를 가져왔고, 생산력은 배가되었다. 건륭제가 노비제를 철폐할 수 있었던 것은 청나라에 거주하는 모든 백성이 황제의 신민이라는 자신감 넘치는 통치 철학의 결실이었다.

청나라 개혁의 핵심은 신분제는 존치하되 노비제는 인정하지 않는 것이었다. 비록 형식적이었지만 양인에게 과거에 응시할 자격이 주어졌고 직업 선택의 자유가 주어졌다. 건륭제가 노비제를 전격적으로 철폐할 수 있었던 것은 최상층 신분인 만주족이 300만에 불과했던 것도 유리한 요소로 작용했다. 아무튼, 노비제 폐지와 직업 선택의 자유는 봉건 전제왕조에서는 유례없이 파격적이었다. 청나라는 강건성세 130여 년간에 걸쳐서 세계의 중심 국가로 군림했다.

연암(燕巖) 박지원(朴趾源)은 류희보다 36년 먼저 태어나 한세대를 먼저 활동한 실학의 거두였다. 그는 건륭제의 칠순연이 열린 1780년(정조 4년) 조정의 사신단에 동행하여 청나라에 다녀왔다. 청나라의 발전상에 놀란 그는 천지개벽이라며 이를 상세하게 기록한 26권 10책의 『열하일기(熱河日記)』를 남겼다.

청나라는 노비제 철폐를 제후국인 조선에도 권유했는데, 영조는 실제 노비제 폐지에 관심이 있었으나 조정 신료의 벽을 넘지 못했다. 영조가 노비제에 대해 운을 떼자 노론은 말할 것도 없고 남인까지 벌떼처럼 일어나 반대하였다. 조선의 노비제는 1898년 고종의 갑오개혁으로 철폐되었다.

청나라는 조선보다 148년 앞서 노비제도를 철폐하여 당시 세계 최대 인구(3억 명)와 생산력(세계의 40퍼센트)을 가진 국가로 발전했다. 청나라의 노비제도 철폐는 에이브러햄 링컨의 노예해방선언보다 112년이나 앞선 것이다.

박지원의 『열하일기』는 조정에 의해 금지 서적으로 지정되었다. 그러나 서얼 출신의 지식인을 중심으로 신학문에 관심이 있는 선비들에게는 폭발적인 인기를 끌어 필독서가 되었으며 그 내용이 언문으로 번역되어 아녀자와 글을 아는 양민에게까지 보급되었다.

류희도 『열하일기』를 보았을 것이다. 류희가 『문통』을 저술하게 된 배경은 서학, 또는 신학(新學)으로 알려진 서양 학문을 접하고 충격을 받았기 때문이라고 유추할 수 있다.

청나라는 강희제 시대부터 천주교 선교사의 포교 활동을 허용하고 서양의 학문을 연구했다. 강희제는 기하학, 수학, 라틴어, 천문지리학, 의학, 산학에도 능통하였고 피아노 연주 실력도 수준급이었다. 강희제는 만리장성을 보수하는 데 3억 냥의 은자가 필요하다고 신하들이 주청하자 "지금이 어느 시절인데 쓸모도 없는 만리장성을 보수하느냐?"고 질책하고는 "무너지도록 그냥 두라"고 했다. 그는 추수철이면 어김없이 쳐들어와 식량을 노략질허는 북방의 유목국가 연합체인 준가르를 정벌하여 청나라에 복속시켰다. 청나라의 영토가 만리장성 밖의 몽골 초원까지 확대된 것이다.

강희제의 선견지명은 청나라를 융성의 길로 이끌었다. 당시의 선교사들은 강희제와 수시로 서양의 학문과 종교, 제도에 관해 토론하였다. 황제는 논리에 막힘이 없었고 학문의 깊이가 깊고 폭이 넓어 선교사들은 이구동성으로 "기독교만 믿으면 세계에서 가장 완벽한 군주"라고 칭송했다.

주자학을 맹신하는 조선 사대부의 완고성

청나라는 천지개벽을 하는데도 조선의 지배 계급인 사대부는 국제 정세에 어두웠다. 특히 집권 세력인 노론 벽파는 주자학을 만고불변의 진리로 떠받들었고, 남인이 선교사와 교류하며 서양 학문을 익히는 것을 박해하였다. 심지어는 청나라를 오랑캐라 깎아내리며 명나라 마지막 황제인 숭정제의 연호를 고집스레 사용하기도 했다.

이러한 분위기는 실학이 뿌리내리는 데 커다란 장애가 되었다. 심지어 정약용은 실학을 연구하면서도 "주자학을 더욱 보완하기 위해서"라는 명분을 내세웠고, 류희도 이 점에서는 크게 다르지 않았다. 당대의 깨어 있는 학자들조차 천문지리에 지대한 관심을 기울이고 연구하면서도 "주자학의 이론적 토대를 튼튼히 하기 위해서"라고 했을 정도로 조선의 시대적 인식은 완고했다.

청나라의 사정이 이러했는데도 조선은 당쟁이 격화되고 백성의 생활은 별반 개선되지 않았다. 박지원은 청나라의 천지개벽을 기술한 『열하일기』 제1편 「도강록(渡江錄)」에서 편찬 연도를 '후삼경자(後三庚子)'라 썼다. 후삼경자는 명나라 마지막 황제인 숭정제가 즉위한 해부터 세 번째 경자년(庚子年)이라는 뜻이다. 맹목적으로 명나라를 섬기는 사대부를 경멸하고 청나라의 선진문물과 사상을 도입해야 한다고 주장했던 박지원마저도 숭명 사대주의로부터 완전히 자유롭지 못했다.

조선 후기 숙종 때부터 정조 때까지 126년이라는 긴 시간은 경종 치세를 제외하고는 왕권이 비교적 안정된 시기였다. 특히 숙종 치세 46년은 태종 이후 왕권이 최고조로 강화된 시기였다. 숙종 시절에는 보부상이 생겨나고 상업이 비약적으로 발전해 국가 재정도 안정적이었다. 이 시기는 중국의 강건성세 130여 년과 기간이나 시기가 거의 일치한다. 그런데도 조선이 우물 안 개구리 신세에서 벗어나지 못한 근본적인 원인은 사대주의에 있었다. 명나라가 멸망했음에도 숭정을 연호로 사용하였고, 심지어 일부 유생들은 숭정제가 자살했다는 소식에 벼슬도 마다한 채 은둔 생활에 들기도 하였다.

소위 조선의 의로운 선비를 자임하던 선비들은 "우리 황상께서 붕어(崩御)하셨다"며 곡을 하고 삼년상을 치르기도 하였다. "대명천지(大明天地)가 사라졌으니 세상과 인연을 끊고 백이(伯夷)와 숙제(叔齊)를 본받아 살아가겠다"는 선비마저 속출하였다. 유림에서는 이들의 의기와 기개를 칭송하며 숭정거사(崇禎居士), 숭정처사(崇禎處士)로 불렀다. 더욱 가관인 것은 조정에서조차 숭정처사를 배출한 가문을 칭송했다는 점이다.

백이와 숙제는 수양산에 들어가 고사리를 캐어 먹다 죽은 충신의 대명사 같은 인물이다. 조선의 선비들은 불사이군(不事二君)의 표상으로 '백이숙제'를 꼽았다. 송나라 시절 세워진 백이숙제의 여러 사당 중 하나가 청나라의 수도인 연경(燕京·북경) 가는 길목에 있는데 청나라에 사은사(謝恩使)로 가는 사신단은 으레 자금성에서 청나라 황제를 알현하기 전에 백이숙제의 사당에 먼저 들렀다. 이는 "비록 핍박이 무서워 겉으로는 청나라에 굴신하고 있지만, 마음으로는 여전히 명나라를 섬기고 있다"는 것을 보여주고자 하는 행위였다. 건륭제의 칠순연에 축하 사절로 파견된 조선 사신단도 어김없이 백이숙제의 사당에 먼저 들러 참배하였다.

지나친 명분과 이론에 사로잡힌 시대 비극

명나라가 무너져 중화(中華)의 중심이 사라진 이상 이제는 조선이 중화라는 소중화(小中華)를 내세우는 급진적인 선비들도 다수 등장했다. 이러한 이론을 처음으로 주장하고, 신종(神宗) 만력제(萬曆帝)의 제사를 대대적으로 지내며 임진왜란 때 조선을 구한 은혜를 말하는 '재조지은(再造之恩)'을 유림에 확산시킨 인물은 노론의 영수 우암(尤庵) 송시열(宋時烈)이다.

송시열은 숙종에 의해 사사(賜死)되었지만 죽어서도 노론과 유림에 끼친 영향력은 막강했다. 조선의 식자들은 청나라의 연호를 쓰지 않고 명나라 연호 '숭정'을 고집했다. 청나라 연호는 청국에 보내는 외교 문서에만 존재했다. 1897년 고종이 대한제국을 세우고 광무(光武)라는 독자 연호를 사용한 것도 주자학으로 무장한 유림은 인정하지 않았다. 심지어는 1910년 대한제국이 국호를 빼앗기고 일제에 병탄된 사건을 기록하면서도 융희(隆熙) 4년이라는 독자 연호를 사용하지 않고 '숭정 301년'이라는 연호를 사용한 경우도 있다.

영조 치세 52년 동안 왕권은 강화되었으나 사대주의로 무장한 사대부 계급을 다스릴 방법은 없었다. 그것은 조선 후기 역사에서 가장 개혁적이고 실학에 우호적이었던 정조도 마찬가지였다. 정조 역시 주자학을 통치 이념으로 하는 제왕학으로 무장했으며,

　　　　　　　　　　　　　　4 학자의 삶을 택하다

서학을 통해 실학사상을 부분적으로 받아들였던 정약용, 류희도 마찬가지였다. 정약용과 류희는 실학을 탐구하고 받아들였지만, 근본적인 이념은 주자학이었다.

개혁의 아이콘이었던 정약용조차 신분제 철폐는 확고하게 반대했다. 실제로 정조가 다산에게 노비제도를 개선할 방안을 마련해서 올리라고 하자 그는 "신분의 귀천은 하늘이 정한 것으로 인간이 왈가왈부할 수 없다"는 내용의 상소를 올리며 반대했다. 조선 후기의 대표적인 실학자이자 '만민평등사상'을 내세우는 천주교 신자였던 정약용조차 이러했는데 당시 집권당인 노론은 말할 것도 없다.

류희가 노비제도에 대해 어떠한 생각을 품었는지는 기록으로 전해지지 않아 알 수 없다. 다만 빈한한 생활을 영위하며 의술과 대필, 농사로 생계를 유지해야 했던 서파였기에 노비제 철폐는 생각하지 못했다 해도 처우 개선은 고민했을 것으로 짐작할 수밖에 없다.

정조의 개혁이 성공할 수 없었던 외견상의 이유로는 그가 천수를 다하지 못하고 급서한 것을 들 수 있다. 그리고 당시 지배층인 사대부의 수백 년간 내려온 강고한 뿌리가 군주의 힘으로도 어쩔 수 없을 만큼 튼튼했던 것도 중요한 이유이다.

주자학에 대한 맹목적인 신봉은 조선 후기의 개혁을 가로막았다. 정조의 급서는 그렇다 치고 신분제를 금과옥조처럼 여겼던 사대부의 사상은 유학에 기반을 둔 것이기 때문에 주자학에 대한 맹목적인 추종과 사대주의가 개혁의 진정한 걸림돌이었다 할 수 있다.

일본은 조선을 통하여 주자학을 받아들였고, 도쿠가와 막부 시절 크게 발전했다. 일본 주자학의 시조로 평가되는 야마사키 안사이(山崎闇齋)는 제자들을 불러놓고 물었다. "만약 공자를 대장, 맹자를 참모장으로 삼는 중국 군대가 일본에 쳐들어온다면 우리는 유생으로서 어떻게 해야 하는가?" 제자들은 "너무 어렵다"며 대답을 망설였다. 그러자 야마자키 안사이는 간단명료하게 정리했다. 그런 일이 벌어진다면 "마땅히 칼을 갈고 갑주를 걸쳐 말을 타고 전장에 나가 공자와 맹자를 사로잡아 일본의 은혜에 보답해야 한다. 이것이 공맹의 가르침이고 유생의 도리다"라고 설파하였다.

유학을 이해하고 받아들이는 관점이 일본의 유생들과 우리가 이렇게 달랐다. 이러한 차이가 결국 조선이 일본에 멸망하게 되는 결과로 이어졌다. 정조의 개혁이 실패한 것은 결국 주자학적 명분과 이론에 지나치게 집착한 당연한 결과였다고 생각할 수 있다.

주자학을 만고불변의 진리로 여겨 발전적으로 승화하지 못한 것이 정조의 개혁이 실패한 근본적인 원인이라고 볼 수 있다.

4 학자의 삶을 택하다

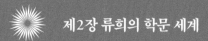

제2장 류희의 학문 세계

1 류희 학문의 결정체 『문통』과 학문적 경향

서파 류희의 민생학문

류희는 주자학에 정통한 선비이면서도 일반 백성에게 필요한 실사구시적인 저작을 많이 남겼다. 류희의 평생지기인 조종진은 류희의 연구 성과를 실학이라고 규정하면서 이용후생(利用厚生)에 학문의 지향이 있다고 하였다.

류희는 관념적인 학자가 아니라 실천적인 학자였다. 주자학자였지만 주자학에 매몰되지는 않았다. 류희는 기본적으로 주자학을 존숭했으나 주자의 학설을 무비판적으로 따르지 않았다.

자신이 공부한 주자학을 일반 백성에게 이로운 방향으로

활용하려는 노력은 『문통』으로 집대성된 저술을 쓰면서 언문으로 주해(註解)를 붙인 『물명고』, 『언문지』, 『태교신기언해(胎教新記諺解)』를 집필하는 원동력이 되었다. 농사, 의술, 대필 등 다양한 직업으로 생계를 유시해 스스로 민초의 애환을 겪어낸 서파의 저술은 애민정신에 근본을 두고 있다.

류희가 펴낸 『문통』은 인문학에서부터 자연과학에 이르는 방대하고 심오한 학문적 성과물이다. 생전의 류희는 주자학은 물론이고 역학과 천문학, 잡학(雜學)에 이르기까지 사물의 깊은 뜻을 연구하고 이치를 밝혀 일가(一家)를 이루었다. 그러나 현실 세계에서 뜻을 펼치고 백성의 생활을 윤택하게 하는 데 사용하지 못하는 답답함을 토로해야 했다.

벼슬길을 포기한 류희의 글은 당연히 주류 사회에서 주목받거나 수용되기 어려웠다. 류희는 스스로 "용을 잡는 재주를 익혔으나 내 옷의 이나 잡고 있다"며 자조하기도 했다.

류희는 양명학(陽明學)의 영향을 받았다. 양명학은 중국 명나라의 학자인 왕수인(王守仁)이 형식논리에 치중한 주자학의 한계를 비판하며 제시한 신 유가철학으로, 실학의 이론적 토대를 제공했다. 주자학을 지고지순의 진리로 여겼던 조선의 지배층은 양명학이 소론 계열의 신진 유학자들을 중심으로 퍼져나가는 것을 무척 경계하였다.

정조 시대에는 청나라의 양명학자인 이불(李紱)의 『목당류고(穆堂類稿)』를 비롯한 저작들이 금서(禁書)로 지정되었다. 이불은 왕수인을 육학(六學)의 계승자로 보았다. 육학은 중국 당나라 시대 국자감(國子監)에 속한 여섯 학과로 국자학(國子學), 태학(太學), 사문학(四門學), 율학(律學), 서학(書學), 산학(算學)을 통칭하는 것이다. 이불의 저작들이 금서로 지정된 것은 그가 왕수인을 주자를 능가하는 성리학의 대가로 꼽은 것이 발단이었다.

순조 원년(1801)에 작성한 『독목당집(讀穆堂集)』에서 류희는 이불이 무지하다고 비판하였다. 『독목당집』은 이불의 『목당집』을 읽고 비판한 일종의 독후감이다. 류희가 이불을 비판한 것은 당연하다. 주자를 왕수인보다 못한 유학자로 평가했으니 학문의 중시조(中始祖)가 부정된 것과 다를 바 없기 때문이다. 개혁군주 정조도 주자학에 반하는 학문이 번져나가는 것을 걱정하였으니 주자학을 주류 학문으로 받아들인 조선의 선비로서는 마땅히 비판적일 수밖에 없었을 것이다.

서양 학문은 과학과 수학, 천문학, 의학을 앞세워 동양의 유학과 도학의 뿌리를 뽑아냈다. 과학의 발달로 발명한 총포와 함선을 앞세워 동양을 유린하고 식민지나 준 식민지로 삼았다. 그 결과 동양은 어쩔 수 없이 서양학을 주류 학문으로 인정하고 받아들일 수밖에 없게 됐다. 따라서 류희가 이불의 양명학을 비판하는 글을 남겼다는 것으로 그가 주자학을 완고하게 고집했다고 단정할 수는 없다. 중요한 것은 류희가 양명학을 공부하였다는 것이다. 비판

1 류희 학문의 결정체 『문통』과 학문적 경향

을 위해 연구했다 하더라도 그의 여러 저서에서 나타난 실사구시
적 성향은 양명학을 비판적이나마 수용하였고『언문지』,『물명고』
등에서 이를 적극적으로 활용하였다.

백과사전『문통』

　　류희는 독학으로 백과사전『문통』을 저술했다.『문통』은 류
희의 종손 류성린과 사돈지간이었던 위당(爲堂) 정인보(鄭寅普)가
1931년 동아일보에『조선고서해제』를 연재할 당시 소개함으로써
학계에 알려졌다. 그 후 행방이 묘연했다가 지난 2005년 진주 류
씨 문중이 한국학중앙연구원에 공식 기탁 하면서 빛을 보게 됐다.
이로써 류희는 성호 이익과 다산 정약용에 버금가는 대실학자의
반열에 올랐다.
　　정인보는『문통』을 류희의 평생 저술을 모은 거편(巨篇)이
라고 하면서 그 해제에 "그 아버지 류한규가 역산, 율려에 조예가
깊었고 그 어머니 이 씨가 박통경사하고 상식이 있어『태교신기』
가 저작이라 집안의 연원만으로도 이 같은 석유(碩儒)가 길러졌다"
며 부모를 닮아 경학에 해박하고 박문강기(博聞强記·견문이 넓고 기
억력이 좋음)한 석학임을 밝혔다. 정인보는 류희가 어머니 사주당으
로부터 성리학을 배웠고, 아버지 류한규에 의해 당대에 잡학으로

취급된 자연과학적 소양을 갖췄다고 보았다. 정인보는 류희의 학문 방법이 철저한 고증과 탐구에서 비롯됐다고 하였다.

사주당의 묘지명을 써준 신작(申綽)은 "류희가 학문 중에서 『춘추(春秋)』에 가장 정통했고 음양(陰陽·주역), 율려(律呂·음악), 성력(星曆·천문), 의수(醫數·의약)에 근원까지 통하고 그 실용에까지 다하였다"고 표현하였다. 류희는 춘추학의 대가였으며 주역, 음악, 천문학, 의학에 기본 본질부터 각론까지 정통했음을 말한 것이다.

100여 책의 거질로 이루어진 『문통』은 인문과학과 자연과학을 아우르는 모든 학문 분야에 통달한 류희의 저력을 과시한다. 시문학, 경학(經學), 춘추학, 역사학, 성리학, 훈고학, 음운학, 예학, 천문학, 수학, 역학, 기하학, 측량학, 동물학, 식물학, 의학, 음악 등 전통시대의 거의 모든 학문 분야에 관한 저술이 담겨 있다.

류희의 『문통』을 구성하고 있는 저작들을 보면 유학을 바탕으로 한 정치와 통치에 관련한 저서는 없다. 반면에 사물의 근원과 이치를 비롯해 당시에는 잡학으로 분류되는 분야에 대한 저술은 넘쳐난다. 이것은 그가 현실 정치에 별다른 기대를 하지 않았다는 것을 의미하는 것이기도 하다.

류희가 특별한 것은 당시 사대부들에게 관심 밖이던 언문, 수학, 의학, 생물, 지리 등 국어학과 자연과학에 지대한 관심을 가졌다는 점 때문이다. 류희의 학문 성격은 성리 논변에만 골몰했던 당시 유자들의 풍조와는 달리 온갖 지식을 두루 포괄한다. 류희는 스스로 어릴 적부터 박통(博通)에 병이 있다고 했을 정도로 다양한 학문에 목말라했다.

조선에서 실학은 잡학이라 하여 지배 계급인 사대부 계층이 경원시하던 학문이었다. 조선조의 과거제도는 문과(文科), 무과(武科), 잡과(雜科)로 나뉘어 치러졌는데, 양반 계층은 대부분 문과에 응시하였다. 드물게 이순신 장군이나 원균처럼 소수의 사대부가 무과에 응시하여 급제한 경우도 있기는 하다. 통상적으로 무과는 문과에 비해 천시되었는데 임진왜란이 발발하면서 사대부 가문의 서출이나 중인 계급에도 응시가 허용되었다. 반면 문과는 오로지 사대부 가문의 적출에게만 응시 자격이 주어졌다.

사대부 가문의 적출인 이순신과 원균이 무과에 응시한 것은 특이한 경우에 해당한다. 이순신의 경우 원래 문과에 뜻을 두었으나 그의 조부 이백록이 조광조의 기묘사화(己卯士禍)에 연루되어 화를 입어 부친 이정은 관직에 나가지 않았다. 이러한 가계(家系)로 인해 이순신은 부득이하게 무과로 전환하여 과거에 응시하였다.

잡과는 중인 계급 이상에게 응시 자격이 주어졌다. 의원(醫員)이나 역관(譯官)은 잡과를 통해 선발했는데 사대부 계급이 잡과에 응시하는 경우는 없었다. 오늘날에는 출세의 보증수표인 의사고시와 외무고시가 조선조에는 양반은 응시하지 않는 시험이었던 셈이다.

류희는 당시의 선비들이 천시하던 잡술(雜術)의 가치를 적

　　　　　　　　　　제2장 류희의 학문 세계

극적으로 인정했다. 다만 모든 잡술을 인정한 것이 아니라 실수(實數)와 허수(虛數)로 구분하여 쓸모 있는 기예만을 실(實)로 평가했다. 류희는 후손들을 위해 남긴 글 「이손편」의 소도(小道) 부분에 실용 학문에 대한 입장을 정리해놓았다. 류희에게 쓸모 있는 기술이란 의술(醫術), 주법(籌法), 역산(曆算) 등이다. 이와 달리 점서(占筮), 즉 점성술은 허황된 사술로 보았다. 류희는 풍수지리학적으로 자신의 부모님을 비롯해 타인의 묏자리를 봐주었는데, 물 빠짐 등을 고려한 풍토와 입지를 택한 것은 실수요, 후손들의 길흉을 논하는 것은 허수로 보았다. 류희가 서양의 종교인 천주교의 폐단을 지적했지만 천문학의 우월성은 인정해 자신의 천문역법론에 반영한 것도 이와 같다.

류희의 증손자인 독립운동가 류근영은 『문통』을 보존하고 필사로 정리해 자칫 근현대사의 질곡 속에 영원히 역사의 뒤안길로 사라져버렸을지도 모를 류희를 우리나라를 대표하는 대학자로 남게 했다. 류근영은 경성고등보통학교 재학 시절 3·1 만세운동에 가담한 혐의로 체포돼 6개월 징역을 선고받고 옥고를 치른 후 예천에 낙향해 영신의숙 교사로 지내고 있었다. 그는 1931년 일본에 『문통』을 빼앗길 것을 우려해 경기도 양주 덕소 본가를 찾아가 큰형 류운영의 집에 보관하고 있던 『문통』을 당시 11세인 조카고 류래호(진주 류씨 33세손, 목천공파 전 종친회장)와 함께 고리짝에 담아 경상북도 예천 자신의 집으로 옮겼다. 류근영의 형 류운영은

　1 류희 학문의 결정체 『문통』과 학문적 경향

3·1만세운동 때 독립운동을 위해 태극기를 그려 나눠주다 일경을 피해 도망갔으며, 처남이 여운형이다.

생전에 류래호 회장은 당시 예천으로 못다 옮긴 책이 남았지만 삼촌 류근영이 중요한 책은 다 골라 담아 옮겼을 것이라고 위안했다. 류래호는 남아 있던 책은 한국전쟁 때 피난 갔다가 집에 돌아와 보니 옆집에서 벽에 발라 찰싹 달라붙어 있어서 도저히 떼어낼 수 없는 지경이었다고 회상했다. 예천에 보관돼 있던 『문통』은 류근영의 자녀들이 생활고에 시달리면서도 목숨처럼 지키고 간수하여 오다가 심하게 훼손된 채로 오늘날 전해졌다. 류희가 저술한 전작(全作)이 발견된 것은 아니어서 현재『문통』의 규모는 미루어 짐작할 뿐이다.

그간 『문통』과 관련해서는, 한국학중앙연구원이『진주류씨 서파류희전서』Ⅰ, Ⅱ를 발간했고, 방대한 규모의 저술에 관심이 집중돼 석·박사학위 논문을 비롯한 수많은 연구 논문이 발표됐으며, 『언문지』와『물명고』가 번역 출간됐다. 최근에는『물명고』에 대한 연구가 한국학중앙연구원에서 5개년 국책 프로젝트로 추진되었고, 이를 바탕으로 본격적인 연구가 이어질 전망이다.

류희는 실로 원대한 구상과 계획을 세워『문통』을 집필하였으며 이 가운데『언문지』와『물명고』는 국어학 연구에 선구적 역할을 하였다. 한글 연구는 후일 이희승(李熙昇) 같은 국어학자들에 의해 높은 평가를 받았고, 1894년 갑오개혁(甲午改革) 이후 한글이

제2장 류희의 학문 세계

널리 통용되는 데 밑거름이 되었다.

　『문통』이 온존하게 보존되지 않은 것은 참으로 애석한 일이다. 『문통』은 류희의 친필본과 후손 류근영이 문집 발간을 위해 예천에서 사람들을 시켜 작업한 전사본 등이 섞여 있는 상태다. 류근영은 『문통』 발간을 기획하고 병산서원에 『문통』 발간을 도와줄 것을 부탁했다. 이에 병산서원은 경상도 내 유생들에게 통문을 돌려 『문통』 출간 사업에 협조할 것을 요청했고, 이때부터 『문통』의 정리와 필사 작업에 들어갔다. 류근영은 1935년 『문통』에 포함돼 있던 『태교신기』를 들고 서울로 상경해 정인보에게 보여줘 『태교신기』가 학계에 알려지게 했다. 1938년에 자비로 류희가 언해한 『태교신기』를 석판본으로 간행했다. 같은 해 조선어학회는 『언문지』를 단행본으로 편찬함으로써 세상에 널리 알렸다.

　류희는 인쇄본 출판은 엄두도 내지 못할 형편이었기 때문에 『문통』을 탈고한 직후 목판이나 활자판으로 인쇄하지 못했다. 정인보는 『문통』 해제에서 "먼지투성이의 고리짝을 뒤적이다가 미처 책으로 만들지 못한 유묵을 많이 발견했다. 또 책면의 크기가 들쭉날쭉 하고 제대로 매인 책이 한 권이 없고, 종이 쓴 것을 보아도 손바닥 둘만 한 엷은 책장이나마 이것을 또 이어붙인 데가 많다"고 하여 가난한 선비가 어려운 살림 속에서 마음과 몸을 다하여 애쓴 결실임을 밝힌 바 있다. 만일 문집의 형태로 제책되고 인쇄본까지 여러 벌 나올 수 있었다면 우리나라는 이미 19세기에 백과사전『문통』을 보유하여 후세 연구에 디딤돌이 됐을 것이다.

　　류희가 조선의 백과사전인『문통』을 집필한 것은 중고등학교 국사 교과서에 실어 학생들에게 가르쳐야 할 만큼의 대단한 업적이다.『문통』을 비롯한 류희의 저삭을 온전하게 복원하여 일반인들도 쉽게 접할 수 있도록 보급하는 것은 국가에서 시급히 추진해야 할 과제이다.

〈문통 구성〉

차례	내용	종수	비고
文通 一卷	論春秋繁露, 奧越策傳, 春秋括例分類, 春秋四傳刪誤說, 春秋大旨, 春秋經文考異 春秋三傳註補說	7	추정
文通 二卷			
文通 三卷	禮記集說補說, 周禮鄭註補說	2	
文通 三之附	儀禮註疏補說, 三禮同異考	2	
文通 四卷	考工記圖補說, 易際數	2	추정
文通 五卷	詩物名考, 讀詩三百, 書蔡傳補說	3	
文通 六卷	論語集註補說, 孟子集註補說 孝經刊誤發揮說, 大學章句發明說 大學章句補說, 中庸章句補說	6	
文通 七卷	素問五註補校正, 箕註籌說明實 古聖逸語傳, 量田議	4	
文通 七之附	尙書古文訟疑, 讀史漫筆, 正統說	3	
文通 八卷	觀象志 上	1	

文通 九卷	觀象志 下, 周髀經句解 困得篇辨辨解, 律呂新書摘解 樂律管見解, 聞見隨錄	6	
文通 十卷	禮制類, 禮疑往覆附, 律樂類 文義類, 孔雀行批評附	5	
文通 十一卷	禮疑往覆	1	
文通 十二卷	書牘 一	1	
文通 十三卷	書牘 二	1	
文通 十四卷	二至山答	1	
文通 十四卷	旬有六集, 嶺海集, 來歸集, 志學集 觀靑農夫初二三集, 否翁集, 遏音集 坐集, 杏樹壇集	9	
文通 十五卷	聚辨堂集, 丹邱處士集, 一轉丹集	3	
文通 十六卷	成歌集, 易名集, 南嶽集	3	
文通 十七卷	雜文, 騷賦	2	
文通 十八卷	雜文, 騷賦	2	
文通 十九卷	胎敎新記序, 胎敎新記目錄 胎敎新記章句大全 諺文志	4	추정
文通 二十卷	經詁類證 (易詁, 書詁, 詩詁, 儀禮詁 書詁 抄, 詩詁, 儀禮詁 亦抄)	1	
文通 二十一卷	經詁類證 (周禮詁, 禮記詁, 春秋詁 論語詁, 孝經詁, 中庸詁, 大學詁 孟子詁, 宋詁)	1	
文通 二十二卷	歷代正朔考, 古聖逸語考, 量田議	3	
文通 二十二之附卷	正朔考, 夏小正經傳音義	2	

文通 二十三卷	化理類, 書字類, 萬物類, 醫藥類 裸術類, 丹學類(醫藥類와 雜術類는 중복)	6	추정
文通 二十四卷	孝經古文文考 準, 孝經刊誤發揮 未準	2	
文通 二十四卷	貽孫篇	1	
文通 乾	物名考	1	
文通 坤	物名考		
方便子文通外集	外集	1	
		86	

출처 : 김성태 편저, 『서파 류희와 진주류씨 목천공파』

책벌레 류희의 문장벽, 박통벽

류희는 공자의 아기 제자였다. 류희는 돌이 되기 전부터 글자를 알았고 문장을 가지고 놀았다. 5세 때 「공자가어(孔子家語)」를 공부하면서는 책을 상 위에 올려놓고 두 번 절한 뒤 펼쳤다.

행동거지도 아기 선비였다. 4세 때부터는 무더운 여름에도 옷과 버선을 잠깐이라도 벗지 아니했다. 아이들 놀이인 죽마 타기나 풀피리 불기, 연날리기를 일절 하지 않았다. 옷과 음식에 대해서도 무관심하여 머릿속에 두지 않았고 오로지 학문만 생각했다.

류희는 태어날 때부터 학문에 대한 자질이 특출했다. 엄청난 탐구욕이 있었고, 미친 듯이 책을 읽었으며, 끝없이 연구하고 귀신에 홀린 듯이 글쓰기를 좋아했다.

류희가 얼마나 독서광이었는지, 류희의 평생지기였던 조종진이 남긴 「남악류진사묘지」에는 다음과 같이 기록되어 있다.

"오직 서책을 만나면 목마른 사람이 물을 본 것처럼 책에 몰두했다. 늘그막에도 아침저녁으로 식사 시간을 놓쳐버리는 일이 허다했다."

『비옹집』에 수록된 시 「독와팔영(獨窩八咏)」에 "항상 바라는 것은 죽어 책벌레가 되어 박지로 쓴 책에서 세월 보내는 것"이라고 했다. 오죽 책을 좋아했으면 책벌레가 되어 책 속에서 세월을 보내고 싶어 했을까 싶다. 또 「문견수록(聞見隨錄)」에는 "늙은 나 전생엔 반드시 좀벌레였으리라. 평생 좋아하는 맛은 책 씹는 것뿐이라네. 날마다 깊은 곳 뚫고 들어가다 보면 시간이 지났는지 알지 못한다네"라며 전생에 책을 갉아먹는 좀벌레였을 것이라고 하고 있다.

류희는 미친 듯 글을 썼다. 류희는 「회보본초」에 "이적(李赤)처럼 필시 뒷간에 빠지고 귀등(歸登)처럼 무리하게 수은을 복용하듯 하여 스스로 그 사이에 지극한 즐거움이 있다고 여기면서 마침내 자신의 목숨을 소홀히 하니 나는 정말로 무슨 습벽 때문에 이러는 것인지 알지 못하겠다"고 하였다. 이적은 화장실 귀신에 현혹돼 죽고, 귀등은 단약을 먹어 죽었다. 류희 스스로 이들처럼 측간 귀신에 홀리고 수은 금석약을 먹고 중독되는 것 같은 벽(癖)이 있다고 말한 것이다. 류희에게 문장벽은 중독성이 강해 끊고 싶어도 끊을 수 없는 버릇이었다.

류희의 글쓰기는 그러나 언어유희를 탐하는 것이 아니었다. 그는 「회보본초」에서 "분상은 본래 이름이 입언(立言)이다. 맛은 맵고 쓰며 기운은 차다"고 했다. 그의 글쓰기는 후세에 교훈이 될 수 있는 글을 남기는 작업이었다. 류희 스스로 "대개 글쓰기도 쉽지 않고 온전한 책으로 만들기란 더욱 어려워서 간(肝)의 피를 졸이며 안력(眼力)을 말려가며 한 푼 한 치라도 후세에게 도움이 되고자 하는 고심인(苦心人)의 짓이다"고 하였다.

류희는 탐구욕이 엄청났다. 후손들에게 남긴 글인 「이손편」에서 "나는 탐구하는 고질병이 있어 경전에 석연치 않은 점이 있거나 술수에 분명치 않은 이치가 있으면 모두 쪼개고 갈라서 후생에게 보여주었다. 나는 젊어서 통달하는 데 벽(癖)이 있었는데 하나의 기술을 숙달하고 나면 곧 한 가지 곤액이 닥쳤기에 끝내 나는 자주 곤액을 겪었다"고 했다. 류희는 모든 분야에 통달하고자 하는 통달벽이 있었다.

류희는 스스로 "어릴 적부터 박통(博通)에 벽이 있었다"고 말했을 정도로 다양한 학문을 섭렵했다. 세상의 학문 어느 곳 하나 미치지 못함이 없는 통유(通儒)였고, 정인보의 표현대로 석유(碩儒)였다.

제2장 류희의 학문 세계

2 음운학과 어휘학

언문 연구와 어휘 연구는 일반 백성에 대한 사랑

류희가 여러 저술에서 언문으로 주해를 더한 것은 일반 백성이나 여자들도 이해할 수 있도록 하기 위해서였다. 류희는 어머니 사주당이 한문으로 저술한 『태교신기』에 한자 독음을 달고 언문으로 풀어 써서 『태교신기언해』를 저술해 여자들이 쉽게 익힐 수 있도록 했다. 『태교신기』의 독자층이 부녀자임을 염두에 둔 류희의 따뜻한 배려심이 읽히는 대목이다.

광해군 시절 허균 같은 당대의 천재 문장가는 『홍길동전』이라는 언문 소설을 남겼다. 류희의 『물명고』는 허균의 『홍길동전』

에 버금가는 역사적 의미가 있는 작품이다. 허균은 역성혁명을 꿈꾸었고 반상(班常)의 구분이 없는 세상을 만들고 싶어 했다는 점에서 조선조를 대표하는 혁명가였다. 류희는 허균의 급진적인 사상과는 거리가 멀지만 민초들이 조금만 노력하면 누구나 익힐 수 있도록 언문으로 주석까지 달아놓은 저서 『물명고』를 펴냈다. 이것은 류희의 사상이 민본사상에 기반을 두었다는 것을 말해준다.

류희는 『문통』에 훈민정음을 연구하고 언문에 관한 획기적 연구를 저술한 『언문지』를 남겼다. 이때 한자 독음을 본격적으로 연구하였다. 한자를 모르더라도 언문(한글)을 알면 한자의 뜻을 이해할 수 있다는 데서 기인한 것이다.

류희는 서파 외에도 남악, 관청농부 등 자신이 살던 곳의 소지명을 딴 소박한 호를 썼는데 여기서도 그의 민본사상을 느낄 수 있다. 시대를 잘못 만나 장부의 뜻을 펼치지는 못했지만 주어진 조건 속에서 최선을 다해 다방면의 학문을 익히고 그것을 현실에 접목하기 위해 부단히 노력한 점은 그의 치열했던 인생 역정을 웅변해준다.

국어학 연구의 금자탑 『언문지』

류희는 조선시대에 가장 뛰어난 국어학 연구서인 『언문지』

를 펴냈다. 재야의 사대부 학자인 류희는 사대부에 의해 천대받고 규방에서 근근이 명맥을 이어오던 한글을 최초로 집중적으로 연구하고 조명해 한글 연구의 단서를 제공했다.

류희가 책 제목을 『언문지』라고 명명한 것은 가히 파격이었으며, 당대 여타의 음운 학자들의 입장과 확실히 구별되는 대목이다. 이는 류희가 언문의 우수성을 간파했기 때문이며, 한글에 대한 자부심이 넘쳐났음을 상징한다.

류희는 본문에 "『언문지』를 지으면서 간간이 한자음을 밝혔지만 본래 한자음을 밝히기 위하여 저술한 것은 아니다. 다만 언문 외에 한자음도 밝히는 것은 사람의 입에서 발음되는 음을 빠짐없이 묘사하고자 할 따름이다"라고 하여 모든 소리를 문자로 표현할 수 있는 표음문자로서의 언문의 탁월성과 자부심을 보여줬다.

당시는 사대부가 언문을 알면 학문이 짧다며 흉을 잡히던 시대였다. 오죽하면 정약전이 『자산어보(玆山魚譜)』라는 국보급 어류도감을 저술하면서도 어부에게는 별로 소용이 없는 한자로 기술했겠는가. '낫 놓고서 기역 자도 모른다'고 언문도 모르는 백성이 대다수이던 시절, 한자로 아무리 주옥같은 어류도감을 저술하였다 해도 당시의 어부에게는 그림의 떡보다도 못했을 것이 틀림없다.

7세에 『성리대전』을 줄줄 읽을 만큼 유학에 정통했던 당대 제일의 학자 류희가 『언문지』라는 저서를 남겼다는 것은 백성에

2 음운학과 어휘학

대한 남다른 애정이 있었기 때문이다. 또한 당시 국학에 대한 관심이 고조되는 가운데 우리말과 문자에 대한 자긍심이 컸기 때문이기도 하다. 당시 대다수 학자들의 국어 연구가 운서나 운도의 편찬을 위한 서론적 단계에 머물거나 단편적인 문자론 혹은 주석 수준이었던 상황에서 류희의『언문지』는 우리 문자의 음운 체계를 독자적이고 체계적이며 종합적으로 고찰한 독보적인 연구 성과로 평가받고 있다.

　　류희는 조선 후기를 대표하는 실학자 중 한 사람이자 당대 최고의 언어학자 정동유로부터 훈민정음을 배우고 외국어에 조예가 깊은 그에게 언어학의 개요를 배워 문자 음운학에 일가견을 갖추었다. 정동유는 순조 1년에 바다에 표류하다가 제주도에 도착한 외국인(필리핀인으로 추정)들의 언어와 문자를 한글(언문)과 한자로 표기하여 그들과 통역을 가능케 하였다. 정동유는 국어 음운 연구와 통역에 필요한 참고서적인 4권 2책으로 이루어진『주영편(晝永編)』을 저술했다.

　　류희는 어머니인 사주당의 삼년상이 끝나는 1824년(52세)에『언문지』를 발간했다. 원래『언문지』는 스승 정동유와 더불어 정음에 대해 강론하기를 수개월 만에 저술했으나 이를 분실하고 서글퍼하다가 20여 년이 지나 기억을 되살려 이때 다시 쓴 것이다.

　　류희의『언문지』는 정동유의 한글학을 한 단계 발전시킨 것이다. 류희는 표음문자의 특징을 살려 스승 정동유가 이루지 못했던 체계적인 한글 연구에 착수하여 풍부한 고증과 치밀한 논증을 통해 한국어학의 기초를 구축할 수 있었다.

류희는 언문지 서문에서 스승 정동유의 가르침인 표음문자 한글의 탁월성에 대해 언급했다.

> "한자음은 다른 한자음으로 그 소리(독음)를 표시했는데 시간이 흘러서 후자의 한자음이 바뀔 경우 표기 대상의 한자음 역시 바뀌는 결과가 초래돼 역사적으로 한자음의 변화가 생기는 것이다. 만일 언문으로 한자음을 표기할 경우에는 세월이 아무리 오래 흘러도 표기 대상의 한자음이 바뀌지 않게 된다."

류희는 한글이 한자의 한계를 극복할 수 있는 표음문자로서의 특징과 우수성을 가지고 있음을 간파했다.

『언문지』는 서문, 초성례, 중성례, 종성례, 전자례 등 총 5개 부분으로 이루어져 있다. 류희는 전자례에서 "언문은 몽고 문자에서 비롯되었지만, 그 정밀함이 두 가지가 있다"며 첫째는 체계가 정연해서 배우기 쉽다는 것이고, 둘째는 글자 수가 적어 잘못 쓰이지도 않고 잘못 읽히는 수도 없다는 것이라고 했다. 또 류희는 당시 사람들이 한자를 높이고 언문을 천시하는 것이 깨닫기가 어려우냐 쉬우냐에 따르는 것이므로 우스울 뿐이라고 비판했다.

2 음운학과 어휘학

『언문지』는 이전의 한자음 위주의 연구를 극복해 처음으로 우리말 위주로 연구를 시도한 것으로, 조선시대 국어학 연구서 중 가장 뛰어난 저술이라는 평가를 받고 있다. 이희승은 "다른 저서와 바꿀 수 없는 주옥"이라고 평가했고, 김윤경은 "조선 문자사에 있어 대서특필할 권위 있는 학자를 들라면 일인자로 류희를 들지 않을 수 없다"고 하였으며, 최현배는 "신경준과 더불어 쌍벽을 이룬다"고 하였다.

오보라 박사는 "류희는 언문의 가치를 단지 한문의 보완 수단, 즉 한문의 음을 정확히 표현하기 위한 수단으로 인식하지 않았다. 류희는 한문과 훈민정음이라는 이중적인 언어 구도 속에서 언문의 근본 원리 및 효용을 강조하여 언문을 한문과 거의 대등한 지점까지 끌어올렸다. 류희는 당대인들과 마찬가지로 보편문어로서의 한자의 우위를 인정하고 있었을지라도 언문 역시 당대 유자(儒者)가 반드시 익혀야 하는 문자로 인식했다. 또 언문이 눈으로 볼 수 없는 율려와 음조를 눈으로 볼 수 있게 재현했다는 점에서 가치를 재차 강조했고 우리말로 불리는 시가에 대해 주목하게 만들어 우리말로 된 단가(短歌)를 한문으로 옮겨 시조 10수를 창작했다."고 하였다.

정경일 교수는 "당시에 구개음화가 이미 진행 중이었으나 다만 관서지방에서는 이 현상이 나타나지 않고 있음을 기록하였는데 국어사의 관점에서 매우 귀중하다고 평가할 수 있다"며 "문자와 음운을 객관적 실체로 인정하고 실증적이고 귀납적인 방법으로 고찰하였다"고 하였다.

한글 자체를 논의의 대상으로 부각할 수 없던 조선이라는 시대적 한계 속에서 이처럼 근대 의식의 싹을 틔운 류희는 조선 후기 최고의 음운학자, 국어학자, 언어학자라 할 수 있다.

류희는 전자례에 초성, 중성, 종성을 합해서 한 음절로 형성될 수 있는 글자 수를 계산해 총 1만 250개라고 했다. 이는 사람이 발음할 수 있는 소리의 전부로, 곧 언문자 총 수(한글로 기록될 수 있는 음)라고 했다. 이는 언문이 모든 소리를 다 기록할 수 있는 탁월성을 가졌음을 보여주는 것이다. 원래 최초 작성한 『언문지』에는 온전한 글자를 나열하여 1만 250자를 가지고 종횡으로 행을 만들었으나 다시 쓰면서 글자를 종횡으로 나열하여 원을 만드는 것이 너무 더디므로 삭제했다고 서문에서 밝혔다.

한자음 표기 측면에서도 『언문지』 저술의 원래 목적이 한자음의 올바른 표기를 위한 것이었기에 한자를 모르더라도 한글을 알면 한자의 뜻을 이해할 수 있도록 했다고 볼 수 있다. 우리가 오늘날 사용하는 한자에 어원을 둔 단어나 어휘는 류희의 이 같은 독음 연구에 기인한 바가 크다. 류희가 『언문지』를 『문통』의 한 부문으로 삼아 훈민정음을 심도 있게 연구한 결과 하나의 글자의 뜻을 조합하여 오늘날 우리가 사용하는 단어의 개념을 정리할 수 있는 단서가 되었다. 류희의 한자 독음 연구는 우리 언어의 수준을 높이

2 음운학과 어휘학

고 개념화하여 단어의 의미를 알고서 사용하는 데 기여하였다.

류희가 『언문지』를 펴내 한자의 뜻을 압축적으로 표기할 수 있도록 한 것은 한글이 지금의 국어국문학으로 발전할 수 있게 되는 바탕이 되었다. 오늘날 우리 교육 당국이 한자 교육을 폐지했으나 한자를 모르면 제대로 개념을 이해할 수 없는 어휘가 수두룩하다. 한자 역시 우리의 언어 영역에 포함된다.

어휘 사전의 최고봉 『물명고』

류희는 1820년경 어휘 사전인 『물명고』를 완성하였다. 『물명고』는 어휘 9,200여 물명을 수집하여 기록한 어휘집으로, 오늘날 우리말 어휘 사전 가운데 가장 귀중한 서적으로 인정받고 있다. 이중 주석에 쓰인 순수한 언문으로 수록된 우리 어휘가 대략 1,660~1,740여 개에 달해 국어 어휘 연구와 조선 후기 풍속 연구에 귀중한 자료로 쓰인다. 가히 한국학의 토대이다.

류희의 저작 『문통』을 보면 그가 서양의 학문에 관심이 많았고, 평생을 바쳐 공부에 열중했다는 것을 알 수 있다. 류희는 생물학에도 관심이 많아 『물명고』는 가히 동식물 도감이라 할 수 있다. 『물명고』의 수족조(水族條)에 실린 생물들의 명칭은 정약전이 흑산도 일대의 어류를 집대성한 『자산어보』에 비견될 정도다.

『자산어보』는 순조 14년(1814)에 완성되었는데, 우리나라 연근해에 서식하거나 회유성 어초류 226종을 분류하여 일목요연하게 정리한 것으로, 그 생물학적 가치가 유네스코 문화유산급이라 할 수 있다. 류희의『물명고』수족조에는 이보다 많은 물명이 기재돼 있다.

　류희는『물명고』에서 여러 사물을 유정류(有情類), 무정류(無情類), 부동류(不動類)로 나누어 분류하였다. 유정류에는 곤충, 수류(獸類·짐승), 우충(羽蟲·조류·벌레)을 수록했다. 무정류에서는 초목(草木)을 분류하고, 부동류에는 금석토수화(金石土水火)에 대한 설명을 달았다.

　조선 후기를 대표하는 대부분의 실학자가 백성의 실생활에 필요한 저술을 남겼지만 대개 한자로 기록했다. 그러나 류희는 언문으로 기록할 수 있는 것은 최대한 언문으로 기록하여 우리글에 대한 자긍심을 보여주었다. 이 같은 언문에 대한 사랑은 일반 백성에 대한 사랑이었다고 볼 수 있다. 언문도 제대로 모르는 백성이 열에 아홉이 넘었던 세상에서 제아무리 좋은 저술이라 해도 한자로 기록된 것은 장작을 팰 수 없는 금은 도끼나 마찬가지였다. 한글을 언문으로 낮춰 부르던 시대에 언문의 우수성에 주목했다는 사실 자체만으로도 위대하다고 할 수 있다.

　당시에는 사대부 선비가 언문 저작을 남기는 것은 모양 빠지는 행위로 치부되었다. 한자로 저술하면 집필자는 한결 수월하다. 당시는 한글 연구가 거의 없었던 관계로 선비에게 일상화된 한자로 저술하면 훨씬 쉬웠다. 이러한 류희의 노력은 순전히 글을 모르는 일반 백성을 위한 첫걸음이었다.

한학자인 류희가 한글학사를 겸하게 된 것은 민초 속에서 생활하면서 그들이 무엇을 필요로 하는지 온몸으로 느꼈기 때문이다. 류희의 학문은 지배 계급인 사대부를 위한 것이 아니었다. 철저하게 피지배 계급인 일반 백성과 함께하는 학문이었다.

3 시문학과 예술학

시인 류희의 시와 문학

류희는 천재적 시인이다. 류희는 1,500여 수에 이르는 많은 시를 남겼다. 류희가 어휘 사전인 『물명고』에서 보여준 풍부한 어휘력은 시를 짓는 바탕이 되어 시의 주제와 형식과 표현을 풍부하게 했다. 류희의 시는 현대 시문학 장르로 구분하면 서정적 리얼리즘 계열로 볼 수 있다. 조선 양반들의 교과서적이고 모범적인 관각체 양식과 달리 자유분방하고 독창적이며 파격적이고 과감한 시와 문장을 추구해 근현대 문학의 여명을 밝혔다고 할 수 있다. 류희는 당시 위정자들의 잘못과 세상의 불공평함을 비판하고, 가난한 민초의 고통스러운 삶에 공감하는 독창적인 시 세계를 구축했다.

류희는 피죽새로 불리는 직박구리 울음소리를 빗대어 피죽한 그릇 얻어먹지 못하는 가난한 백성들의 살림을 '피죽피죽'이라고 묘사했고, 소쩍새에서 솥이 작다고 표현하는 금언체(禽言體) 시를 짓는 등 현대시에서 볼 수 있는 세련된 시어를 구사했다. 새 울음소리에 비유해 관리들의 수탈에 대한 비판의식을 표현함으로써 사회 고발적 리얼리즘 세계를 구현한 것이다.

류희 시 연구로 박사학위를 받은 김근태 박사에 따르면『문통』에는『방편자구록(方便子句錄)』이란 표제를 단 한시 1,465수가 실려 있다. 또 산문 작품과 비평 자료 등 문학 작품이 다수 실려 있다. 류희는 총 15권의 시집을 엮었다. 류희는 스스로 시마(詩魔)가 씌었다고 할 정도로 시 짓기를 좋아했다. 그러나 조선시대 시선집에서 류희의 시는 찾아볼 수 없다. 류희의 시와 문장에 대해 직접적으로 언급한 기록조차 없다.『대동시선(大東詩選)』은 고조선부터 조선 말기까지 2,000여 명 시인들의 작품을 뽑아 대대적으로 엮은 시집인데도 류희는 빠져 있다. 주류 사회에서 철저하게 소외되었기 때문에 그의 시는 현재까지도 빛을 보지 못한 채 묻혀 있다. 가히 잠자는 보물이라 할 수 있으니, 한국 문학사의 손실이다.

김근태 박사는 류희가 19세기 전반 조선 사회를 시로 형상화함으로써 당시 민초들의 생활, 세태, 풍속, 사건 등을 보여주고

제2장 류희의 학문 세계

있으며, 미물과 기호품에 이르기까지 지극히 일상적이며 자질구레한 것까지 시로 형상화했다고 하였다. 소재의 통속성뿐 아니라 저속한 단어나 비유를 활용하는 것을 주저하지 않아 조선 후기 사실주의 시풍의 단면을 보여주었다고 하였다.

류희는 두보의 시 정신을 이어받아 세상을 교화하고 현실을 비판하는 준엄한 시관을 바탕으로 사회 모순과 부조리를 비판하였다. 자신과 같은 처지의 백성과 미물은 애정 어린 시선으로 다정다감하게 묘사했고, 소동파의 시풍을 흠모해 타고난 재능을 펼칠 수 없던 울울한 심사를 호방한 시로 발산하기도 했다.

류희는 이체시와 희작시 등 자신의 시적 역량을 유감없이 발휘한 작품들도 남겼다. 한 글자로 시작해 열 글자로 마무리하는 잡체시 형식의 일언지십언체와 한 글자로 시작해 열 글자로 시를 짓고 다시 글자를 줄여가면서 마지막에 한 글자로 마무리하는 마름모 형태의 외형을 갖는 형태의 시를 짓기도 했다. 이처럼 탑 모양, 층계 모양, 마름모 모양의 시는 글자 수를 하나씩 늘려가고 줄여가되 한시이기에 운까지 맞춰야 하는 고도의 기술이 필요한 시작이다.

류희는 비유와 은유를 적절히 구사하면서 현대시와 견주어도 전혀 손색이 없는 시를 지었다.

바람이 몰아치고 번개가 치듯 천리 내달리니

풀은 잠기고 모래는 덮여 사방이 똑같다.

하늘 가득 흰 해오라기 날아 내려오는 것 같고

태양을 번쩍 들어올린 푸른 용 성내어 부딪히려는 듯.

장사의 위엄이 오가는 듯하고

시인의 생각 있는 듯 없는 듯.

천지가 참된 원기를 한번 토해내니

평생 막혀 있던 내 가슴 속을 씻어주누나.

_「조(潮)」, 『영해집嶺海集』

위의 시는 류희가 유배 길에 올라 해남에 가서 처음으로 밀물을 본 후 묘사한 시다. 육지에서만 살던 류희가 바다의 호방함을 시로 표현했다.

대설을 묘사한 시는 마치 그림을 대하듯 인상적이다. 눈 덮이지 않은 여울이 흐르는 모습을 검은 띠라고 표현했고, 눈 덮인 봉우리는 소금을 쌓아놓은 듯하다고 했으며 육각형의 눈 입자도 묘사했다.

소리도 없이 물 부스러기 하늘하늘 내리는데

밤이 든 천지는 차갑고 조용하구나.

아직 덮이지 않은 긴 여울엔 검은 띠 남아 있고

완전히 덮인 먼 봉우리는 소금을 쌓아놓은 듯.

시인은 흥이 동하야 언 벼루를 털고

병든 계집종은 햇볕 쬐느라 얕은 처마에 쭈그려 앉았네.

여섯 모가 분명하다고 옛 말에 전해오지만

눈이 어두워 가늘고 뾰족한 까끄라기 구별하기 어렵네.

_「대설화착간산집의자첨자(大雪和着看山集義字尖字)」,『지학집(志學集)』

류희의 『비옹집(否翁集)』에 실려 있는 시 「박연폭포가」는 "천 길 절구가 만곡의 곡식을 찧는 듯하네"라든가 "하늘의 여러 별이 함께 떨어져 나란히 쏟아지고/ 만기의 기병이 휘달려 징과 북소리 울려퍼지네"라든가 "얼핏 듣고 보았는데도 귀 멍멍하고 눈 흐릿하니/ 천둥이 성내듯 치고 흰 무지개가 꿰뚫듯 서려 있네"라는 웅장한 표현력이 돋보인다.

류희는 시골 농부의 삶을 반영한 시도 남겼다. 가뭄에 해충까지 극성을 부려 현실적으로는 농사짓는 일이 고되고 쉽지 않았지만, 류희의 시에는 목가적 농촌 풍경이 평화롭고 아름답게 묘사되어 있다.

"농부의 호미씻이 노래"라는 뜻의 시 「농부세서가(農夫洗鋤歌)」에서 "봄에 한 줌 씨 뿌리면/ 가을에는 열 말이 된다네/ 열 말 수확했으니 죽이라도 먹을 수 있기에/ 국화주에 무나물도 삶았다네"라는 구절을 통해 가난 속에서도 멋을 잃지 않던 농부로서의 삶을 짐작해볼 수 있다. 류희는 생전에 먹는 것이나 입는 것에 무관

3 시문학과 예술학

심했고, 선비들이 즐겨 하던 서화에도 안목이 높고 예술평을 했지만, 스스로 가까이하지는 않았다. 다만 화훼로는 감국과 매화 감상을 즐겼는데, 이 시에서는 가을이면 들에 피어나는 노란 국화를 따서 술을 담가 먹는 여유와 풍류를 즐겼음을 보여준다.

시 「관타화(觀打禾)」(타작하는 것을 구경하며)에서는 "닭 잡고 막걸리 아우른 새참/ 가을 분위기는 농민에게 있구나/ 옥돌에 터니 쌀이 비 오듯 쏟아지고"라는 구절도 보인다. 힘겨운 농사일 속에서도 흥과 즐거움을 잊지 않는 류희의 시에는 이처럼 자신의 일상생활을 반영한 작품들이 많다. 작품을 통해 농사를 짓던 당시의 모습도 그려볼 수 있다.

시 「농부세서가」 말미에는 "항아리 속 곡식까지 관리의 봉록으로 바치지만/ 귀인들은 오히려 더욱 탐욕을 끝없이 부리네"라든가 시 「관타화」 말미에 "윗사람 아랫사람 모두 이익을 취하지만/ 균등하게 나누는 것은 인이 아니라네"라는 등 관리들의 수탈에 대한 고발과 풍자, 비판 정신을 잊지 않고 있다.

류희는 10세에 당나라 시성(詩聖)인 두보의 시문집 『두공부집』 두 상자를 읽었다. 이때 두보로부터 영향을 받았음을 추측할 수 있다.

류희는 두보를 종주로 하는 강서시파(江西詩派)를 추숭(追崇)하여 궁극적으로 두보의 시를 최고의 전범(典範)으로 삼았다. 김근태 박사는 류희가 언어유희로서의 시 짓는 풍조를 비판하고

제2장 류희의 학문 세계

이 같은 병폐를 치유하기 위해 강서시파 시인들의 진지한 창작 태도를 좇았으며 두보의 현실 비판적인 경향에 매료됐다고 했다. 1797년(정조 21년) 7월, 류희는 「시관규서(詩管窺序)」를 지어 시인이 갖추어야 할 요건을 제시했다.

「시관규서」에서 류희는 시의 일곱 가지 요소를 제시했는데 첫째가 뜻을 다듬는 것, 둘째가 말을 다듬는 것, 셋째가 글자를 다듬는 것, 넷째가 구를 다듬는 것, 다섯째가 장을 다듬는 것, 여섯째가 격을 다듬는 것, 일곱째가 체를 다듬는 것이라 했다. 류희의 시와 문장을 연구한 오보라 박사는 이 모든 요소를 갖춘 시인으로는 두보와 강서시파 및 우리나라의 몇몇 작가가 있을 뿐이라고 했다. 오보라 박사는 류희가 강서시파의 진지한 시를 높이 평가했지만 시의 절대적 기준으로 삼은 것은 아니라고 했다. 류희가 강서시파의 시를 언급한 이유는 그들의 시가 위의 일곱 가지 요소를 두루 갖춘 훌륭한 사례이기 때문이라는 것이다.

강서시파는 강서종파(江西宗派), 강서파(江西派)로도 불린다. 북송(北宋) 말의 시인들이 '두보를 배운다'는 공통된 문화 의식을 갖고 출발한 것이 아니라 시풍이 같은 문인들이라 하여 후대 사람들이 이름을 붙인 것이다. 조선 전기의 박은(朴誾), 이행(李荇), 박상(朴祥), 정사룡(鄭士龍), 노수신(盧守愼), 황정욱(黃廷彧) 등이 두보의 시를 전범으로 삼았다.

류희는 두보를 일정한 격률과 엄격한 규칙을 갖춘 근체시

(近體詩)를 연 비조(鼻祖)라 하고, 송대의 강서시파 네 명을 사성(四聖)이라 규정했다. 아울러 조선 전기의 문인 10명을 십철(十哲)로 명명했다.

류희는 두보의 시는 사회성을 중시하며 자연스럽게 도(道)를 드러낸다고 평하였다. 또 당대(唐代)와 송대(宋代)의 시를 구분하여 송대의 구양수(歐陽脩)와 황정견(黃庭堅)의 시를 일컬어 "초절(超絶)의 경지(境地)에 이르렀다"고 칭송하였다.

류희는 허균(許筠)의 시를 낮게 평가하고 명종과 선조 시대의 문인 중에 노수신, 박지화(朴枝華), 최립(崔岦)보다 시가 높은 이가 없고 최경창(崔慶昌), 백광훈(白光勳), 이달(李達)보다 낮은 이가 없는데, 허균은 강서시파를 존중하지 않았기 때문에 가장 낮은 이들의 시보다도 못하다고 혹평하였다.

류희는 노년에 자손을 위해 남긴 글인 「이손편(貽孫篇)」에서 시를 눈썹에 비유해 쓸모는 없지만 없어서도 안 된다고 했다. 시는 깊은 고민을 통해 주제와 음절 둘 다 중시해야 한다고 시 창작론까지 폈다.

류희는 박학한 지식과 풍부한 어휘력을 기반으로 기발한 상상력과 해학과 위트가 넘치는 탁월한 시를 지어 뛰어난 문학적 성과를 냈다. 류희의 시에는 울분과 자조, 회한이 깃들어 있어 안타까움 또한 크다.

류희가 엮은 총 15권의 시집이 『문통』에 실려 있다. 16세부터 21세까지 지은 시를 모은『순유육집(旬有六集)』, 22세~23세까지『영해집(嶺海集)』, 23세~24세까지『내귀집(來歸集)』, 24세~25세까지『지학집(志學集)』, 25세~26세까지『관청농부집(觀靑農夫集)』, 27세~28세까지『비옹집(否翁集)』, 28세~29세까지『알음집(遏音集)』, 30세~33세까지『좌집(坐集)』, 33세~35세까지『행수단집(杏樹壇集)』, 35세~37세까지『취변당집(聚辨堂集)』, 37세~44세까지『단구처사집(丹邱處士集)』, 44세~48세까지『일전단집(一轉丹集)』상하 두 권, 52세~54세까지『성가집(成歌集)』, 54세~64세까지『역명집(易名集)』, 64세~작고까지『남악집(南嶽集)』을 각각 엮었다.

류희는 시와는 별개로 산문(散文)에도 관심이 많았다. 그는 젊어서 명나라 소품과 청어(淸語)에 열광하는 세태를 비판했지만 명청 소품문을 좋아하였다. 류희는 소품체를 본떠 시를 짓기도 했고, 1796년(정조 20년)에는「야담십련(野談十聯)」이라는 작품을 창작하였다. 류희의 산문은 다양하였다. 류희의 산문 가운데 1812년 (순조 12년) 10월에 쓴「도협서(盜俠敍)」는 사마천(司馬遷)의『사기 (史記)』「자객열전(刺客列傳)」을 의식한 것으로, 설화와 야담을 모아서 묶은 글이다.

류희는 주변 사람들을 위한 행장(行狀)도 많이 남겼는데 여성의 잠재력이 제대로 평가되지 못하고 있는 세태를 아쉬워하는 내용이 많이 있다. 여성에 대한 이해는 학자인 어머니 사주당과 손위 고종사촌 누이인 빙허각(憑虛閣) 이씨의 영향을 받았기 때문으

3 시문학과 예술학

로 보인다.

민초 곁에서 애환을 나눈 산문

류희는 친우나 지인과 주고받은 서신 외에도 일반 양민과 나눈 대화도 기록해두었다. 그가 대화를 통해 민초에게 배우고 애환을 나누려 한 기록 중에 특별히 눈길을 끄는 목수와 나눈 문답을 소개한다.

내 집은 마산리인데, 목수가 이웃에 살았다. 내가 살펴보니 목수는 살구나무 뿌리를 잘 다루어 목재로 만들었다. 그는 널리 나무꾼에게 부탁하여 반드시 물가 낭떠러지에 있으면서 빙설이 쌓여 있고 도끼와 낫으로 잘린 것을 찾아 베어 오게 하였다. 내가 괴이하게 여겨 물어보자 목수가 이렇게 말했다.

"살구나무는 문목(文木)입니다. 꽃과 열매 또한 아름다운데, 하늘의 도리는 모든 것을 다 주지는 않습니다. 그러므로 비옥한 땅에서 높이 솟은 나무는 겉은 화려하지만 속에 나뭇결이 없습니다. 척박한 땅에 서 있어 오랜 세월이 지나도 자라지 못한 것이라야 비로소 나뭇결[文理]이 생기니, 뿌리가 돌을 만나서 얽혀 구불구불해지면 무늬가 더욱 아름다워집니다. 게다가 격한 물결에 침식이 되면 그 뿌리가 반은 숨고 반은 드러나서 이전에 아름다워진 모습이 다양해집니다. 더구나 다시 큰 도끼와 긴 낫으로 날마다 새로 돋는 가지를 베어서, 땅 위의 잘린 부분이 대금(大笒)을 묶어놓은 것처럼 되면, 나무 진액이 그 안에 온전히 모여 이전에 다양해진 모습이 더욱 견고해집니다. 다시 여름의 뇌우가 그것을 씻어주고 겨울 빙설이 덮어주면, 천지의 참된 정기[眞精]가 한줄기 뿌리에 감응하고 부딪혀서 견고해진 것이 더 이상 삐뚤삐뚤 갈라지거나 좀이 슬 우려가 없습니다. 이런 연유로 제가 반드시 나뭇결이 좋은 나무를 구하려 하는데 얻기가 매우 어렵습니다.”

내가 물었다. “자네는 겉이 화려한 나무와 속에 나뭇결이 있는 나무 중 어느 것이 낫다고 여기는가?”

목수가 대답했다.

“살구나무의 수명은 수십 년에 불과합니다. 잘 자라 겉모습이 화려한 나무가 재앙을 만나 울퉁불퉁해진 나무보다 못하지는 않을 듯합니다. 하지만 화려한 나무는 얼마 지나지 않아 썩어 문드러져 버섯이나 쓰러진 풀과 함께 거름흙 속에 파묻혀 땅강아지와 개미가 굴을 파고 들불이 나면 재로 변할 것입니다. 그러니 어찌 쪼개고 깎으며 갈고 다듬어 크게

107

는 수레 재료나 침상 재료가 되고 작게는 칼자루나 채찍 손 잡이가 되어, 천 냥의 값어치를 지녀 귀공자의 손에서 완상 되어 대대로 사라지지 않는 것에 비할 수 있겠습니까?"

나는 하늘을 우러러보고 탄식하며 말했다. "이것이 내가 조 화옹(造化翁·조물주)에게 유감이 없을 수 없는 까닭이다. 어 찌 유독 나무만 그렇겠는가? 글을 잘 짓는 사람은 근심이 많고, 글을 잘 짓지 못하여 억울한 선비 중에도 항상 이유는 있는 법이다."

목수가 발끈하며 말했다. "선비님 말씀이 지나치십니다. 쇤 네는 나뭇결이 아름다운 살구나무 때문에 나뭇결이 없는 나 무를 가엾게 여기니, 마땅히 글을 잘 짓는 선비는 글을 못 짓는 선비를 가엾이 여겨야 한다고 생각합니다. 선비님은 왜 영고성쇠(榮枯盛衰)를 탓하십니까?"

내가 이 말을 들은 지 며칠 지나지 않아 벗 윤중화(尹仲和) 가 자신의 시고(詩稿)를 가지고 와서 보여주었다. 벗의 시는 오랜 세월이 지나지 않았으나 시의 체격(體格)이 이미 세 번 변했다. 윤중화가 괴로움을 겪을 때마다 번번이 시가 훌륭 해졌으니, 그것은 괴로움이 그렇게 만든 것이었다. 벗의 시 가 괴로움과 서로 기약한 것이 아니라, 벗이 술로도 취하지 못하고 노래로도 미치지 못하여, 마침내 시를 지어서 처량 하면서도 호방하고 기세가 꺾인 시를 짓게 되었는데도 스스로 알지 못한 것이다. 벗이 서문을 부탁하여 목수와의 문답이 생각나서 적어 보냈다.

_「병진년(丙辰年 · 정조20년) 5월 초에 진양(晉陽) 유경(柳儆)이 서문을 쓰다」

벗의 시집에 서문을 써주며 목수와의 문답을 적어 보낸 것에서 류희의 복잡한 심사를 짐작할 수 있다. 류희는 나뭇결이 없는 나무처럼 사대부 선비로서 굴곡이 없는 인생을 살고 싶었다. 조정에 출사도 하고 걱정 없는 환경에서 학문에 정진할 수 있기를 바랐다. 하지만 류희를 둘러싼 조건과 당시의 정세는 그것을 허락하지 않았다. 류희는 목수의 말에서 자신의 처지가 선비이면서 글을 짓지 못하는 사람보다는 행복하다는 사실을 깨닫고 위안을 받는다.

류희는 무두장이(갓바치·가죽신을 만들던 천민)와의 문답, 농부와의 문답 등 민초와 나눈 대화를 산문으로 남겼다. 류희는 평민과 천민에게서도 진리를 찾았다.

음악에 조예가 깊은 류희

류희는 음악에 대한 조예가 깊었고, 음악에 관한 자료도 많이 남겼다. 류희는 5세에 『공자가어』를 배울 때 두 번 절하고 공부를 시작했는데, 이는 공자를 공경하는 마음이 우러났기 때문이다.

공자는 음악이 심성을 교화시키고 인격을 완성시킨다고 보았다. 공자는 노래와 현악기를 연주했다. 류희도 노래를 부르고 거문고를 탔다.

류희의 음악은 아기 때부터 존경한 공자에 영향을 받았고, 역산과 율려(律呂)에 조예가 있던 아버지의 영향도 받았다. 류희는 『악률관견해(樂律管見解)』, 『율악류(律樂類)』, 『율려신서적해(律呂新書摘解)』 등 음률에 대한 저작을 남겼다. 원나라 이후의 장르인 곡에 관심을 가져 주운비(駐雲飛)의 곡조로 「십장몽(十長夢)」을 창작하는 등 뛰어난 음악적 자질도 보여주었다.

심경호 교수는 류희가 중국의 속악(俗樂)과 함께 우리나라 속악에도 깊은 관심을 가졌다고 했으며, 특히 우리 민중의 정서가 짙게 배어 있는 시조, 농가, 민요를 중요시하는 시가관이 각별하다고 했다. 그래서 류희는 시조의 가창 구조에 주목했고, 그에 부합하는 한역체를 개발했다고 하였다. 시는 소리와 음악이 결합된 것으로 한시는 시의 본질에 맞지 않고 오히려 시조가 시의 본질에 가깝다고 생각해서 시조의 가창 구조를 훼손시키지 않고 온전하게 번역할 수 있는 한시 형식을 제시했다고 하였다. 류희 시 연구로 박사학위를 받은 김근태 역시 류희가 시를 지을 때 음악성을 고려했다고 하였다. 우리 시조가 소리와 음악이 결합된 시가 양식임을 간파해서 소리만 있는 한시보다는 시조가 시의 본령에 부합한다고 주장하면서 시조 10수를 한시로 창작하기도 하였다고 했다.

『문통』에는 「횡취곡사」, 「상화가사」, 「무곡가사」, 「잡가요사」, 「고취곡사」, 「신악부사」 등 150여 수에 이르는 악부시(樂府詩)가 수록돼 있어 류희의 음악적 재능과 이론의 탄탄함을 보여준다.

　　류희가 계면조로 지은 노래 「통적계면조(洞笛界面調)」는 오늘날 국악학계에 계면조의 유래를 밝힌 학설 중 하나로 연구될 수 있는 부분으로 여겨지고 있다. 통적은 통소라는 악기를 말하는데, 통소로 분 계면조 시라는 것이다. 이는 류희가 아악 중심의 악률론만이 아니라 우리 음악 전반에 관심이 있음을 보여준다고 하겠다. 류희는 유교의 핵심적 가르침인 시와 예와 악이 하나로 연결돼 있음을 실천했다.

　　류희는 격조 있고 고상한 음악을 좋아했다. "맑은 돗자리 성긴 발 아래 바둑도 하수인데/ 양아와 백설 노래에 모인 사람들 도망가네"라는 시 구절에서 초나라의 「양아곡」과 「백설곡」 같이 고아하고 심오한 노래를 불렀다고 표현하고 있다. 또 『단구처사집』에 수록한 「선화행」에서는 "흥취 생기고 근심 사라질 땐 번번이 크게 노래 부른다네"라는 구절을 통해 노래 부르기를 좋아했던 모습을 보여준다. 류희는 붉은 현의 거문고를 탔던 것으로 보인다. 류희는 「천말회윤중화집구(天末懷尹仲和集句)」에 "거문고를 타고 싶지만 벌써 귀찮아지네"라는 구절을 남겼는가 하면, 시 「비옹칠가(否翁七歌)」에 "붉은 현의 거문고 있어도 뻑뻑하여 소리를 이루지 못하누나"라고 노래했다.

서화 예술론에도 탁월

류희는 미술을 비롯하여 예술 평론에도 탁월했다. 그의 『방편자구록(方便子句錄)』, 『방편자문록(方便子文錄)』, 『방편자서독(方便子書牘)』에는 예술론 자료가 풍부하다. 또한 류희는 서예에 대한 조예가 깊었고 미술과 관련해서도 자료를 남겼다.

류희는 당시 사대부들이 일반적으로 즐긴 서예를 직접 쓴다든가 그림을 취미로 즐기지는 않았지만 서화와 고완의 감식가인 조카 이조묵(李祖默)과 교유하며 그의 저술에 서문을 써주는 등 감식에서도 일가견이 있었다.

류희는 화훼 역시 숭상하지 않았다. 다만 감국(甘菊)을 많이 심고 노매(老梅) 감상을 취미로 삼았다. 류희는 『문견수록(聞見隨錄)』에서 화려한 볼거리로서 화훼를 기르는 것을 달가워하지 않았음을 밝히고 있다. 류희는 북송 시대의 유학자 주렴계가 연꽃을 사랑한 것은 완상 목적이 아니라 진흙탕 속에서도 물들지 않고 더욱 깊은 향을 내는 것을 본받고자 함이었으나 사람들은 그 정신을 이어받지 못하고 남에게 자랑하기 위해 겉모습만 본 뜨고 있어 그 같은 부류에 끼지 않기 위해 국화를 심는다고 하였다.

감국은 의술로 생업을 가졌던 류희에게 약재로 활용됐을 뿐만 아니라 술과 차로도 즐길 수 있어 류희가 때때로 소박하면서도 여유 있는 삶을 즐기는 데 안성맞춤이었을 것으로 보인다. 류희의 시에는 국화주에 대한 묘사가 나온다. 국화와 매화는 사군자에 속하는 꽃으로 이른 봄의 추위를 무릅쓰고 제일 먼저 꽃을 피우고, 국화는 서리에도 굴하지 않아 류희의 성격과 취향에 적격이었다.

류희는 학문에 몰두하는 틈틈이 예술 분야에 창작과 비평의 글을 남겼는데 이는 다재다능했던 그의 진면목을 보여주는 것이다.

4 서학과 실용학

과학과 천문우주론

『문통』을 보면 류희가 천문역산, 우주, 수학, 기계, 측량 등 과학 기술 세계에 대해서도 다양한 학설을 세우고 사물의 원리를 깊이 탐구했음을 알 수 있다. 류희는 주자학적 전통 천문학을 계승하는 한편, 청나라를 통해 들어온 서양 천문학을 적극 수용해 동서를 절충함으로써 나름의 천문학 체계를 세우고자 했다. 그 성과물로 『관상지(觀象志)』를 남겼다.

아버지를 닮아 수학에 조예가 깊었던 류희는 원주, 원의 면적, 원주율 관련 계산 방식을 설명한다거나 당시 학자들 사이에서도 어렵기로 소문난『고공기(考工記)』같은 공예 기술서에 대한 이해도 남달랐다.『고공기』는 책이 매우 어려워 탐구하기 쉽지 않았으나 류희는 순식간에 읽고서 수레 제작, 척도, 각도, 도량형 등을 담은 설명서『고공기도보주보설(考工記圖補註補說)』을 지었다. 당시 류희의 사촌 매형인 서유본은 열흘 보름을 읽어도 그 깊은 곳을 탐구할 수 없었는데, 류희는 닷새 만에 번개처럼 읽고 도설(圖說)을 지었을 정도다.

류희는 자신의 근본이 되는 학문이 주자학이라고 밝혔지만, 그가 남긴 저서를 보면 주자학보다는 양명학과 서학에 더 가깝다는 것을 알 수 있다. 조선의 사대부 출신 유학자들이 주자학에서 출발하여 양명학과 서학에 심취되었듯이 그 역시 새로운 학문과 학설에 엄청난 지적 갈증을 느꼈음이 확실하다.

하루라도 책을 멀리하면 살 수 없었던 인간인 류희는 명석한 두뇌와 후천적인 노력으로 체화한 집중력 덕에 보통 사람은 상상하기 어려운 다양한 지식을 습득하고 논리의 타당성을 입증하는 과정을 밟았던 것으로 보인다. 이것이 전제되지 않으면 인문학에서부터 자연과학까지를 망라한 그의 저서를 올바르게 해석할 방법이 없다.

류희를 실학자로 분류하는 근거는 그의 저서 상당수가 신학문을 접하지 않고서는 저술할 수 없는 것들이기 때문이다. 류희는 동아시아를 대표하는 실학자 99인에 선정되었다. 그러나 그가

4 서학과 실용학

남긴 저술에는 성리학에서 중시하는 인간의 도리에 관해 기술한 것이 많다. 신학문을 공부했지만, 류희 역시 사대부 선비로서 조선의 통치를 뒷받침하는 학문인 성리학이 기본일 수밖에 없다.

류희가 천문학, 수학, 측량학을 연구하게 된 것은 아버지에게 영향을 받았기 때문이다. 이 과정에서 신학문을 접하고 분석하는 기초를 세워 소론계 양명학자와 학문적 교류를 하면서 기존의 전통적인 성리학과는 전혀 다른 양명학에 기반을 둔 실학의 이론적 토대를 세운 것으로 보인다.

류희는 실학자들과 교류하면서 신학문을 습득했고, 그것을 주자학에 접목시키기 위한 노력에 매진했다. 류희는 모든 학문을 섭렵하여 통유의 길로 나아가는 것을 목표로 삼았다. 유학을 기본으로 하되 거기에 신학문을 융합하여 현실에 접목할 수 있는 이론 체계를 세우고자 한 것이다. 류희가 『문통』을 집필하게 된 동기는 모든 학문을 포괄하는 실용적인 유학의 교범(教範)을 새롭게 정립하고자 한 것이라 볼 수 있다. 류희는 모든 학문은 궁극적으로 서로 통한다고 보았다.

조선 후기의 유학자들이 서학을 연구하고 실학사상을 갖게 된 것은 청나라를 통해 들어온 망원경과 지구본, 서책 등 서양 선진문물의 영향이 컸다. 이 시대에는 숫자로 계산하는 산법도 일반화되어 상인들은 대부분 셈을 할 수 있었다. 류희는 서양의 학문을 접하고 받아들임으로써 실학자의 길을 걷게 되었다. 그러나 류희

제2장 류희의 학문 세계

가 성리학을 바탕으로 실학을 추구했던 것은 그 시대 실학자들 모두가 안고 있던 근본적인 한계였다. 서양의 학문이 과학적이고 합리적이라는 것을 인정하면서도 성리학에는 미치지 못하는 잡학이라는 인식만큼은 결코 바꿀 수 없었다.

더구나 실학자들이 라틴어로 기술되어 있는 서양 서적들을 읽을 방도가 없었을 뿐더러 기하학, 수학, 물리학은 문자의 장벽에 막혀 연구 자체가 불가능했기 때문이다. 물론 청나라 강희제같이 라틴어, 그리스어, 기하학, 서양 철학, 천문학 등에 능통한 천재도 있었지만, 그것은 그가 황제였기 때문에 가능했다. 서양 학문을 분야별 독선생을 두고 공부한 강희제와 류희를 비롯한 조선의 실학자들을 비교할 수는 없는 것이다.

조선의 실학자들은 열악한 조건 속에서도 신학문을 이해하기 위해 노력했지만, 문성공(文成公) 안향(安珦)으로부터 500여 년을 이어 내려온 성리학의 높은 벽을 뛰어넘기에는 역부족이었다. 이러한 시대 조건을 정확하게 이해하고 류희를 바라보아야 할 것이다.

류희는 성리학의 핵심이 이치[理]에 있다고 여기며 자연과학적 지식[知]과는 별개의 차원으로 이해했다. 따라서 이치는 불변이지만 지식은 얼마든지 가변적이어서 천문역산학은 후대에 나온 새로운 지식을 바탕으로 언제든지 절충할 수 있다고 보았고, 그것이 서양의 천문역산학이어도 상관이 없다는 입장이었다. 류희가

『관상지』를 비롯한 천문역산학 관련 저술에서 서양 천문역산학의 이론과 방법을 전폭적으로 수용했던 것은 그의 이 같은 개방적 사고에 기인한다. 이 덕에 그는 기존 유가의 학설을 무조건 받아들이는 것에서 벗어나 실측과 실증이라는 귀납적 사고에 근거한 새로운 천문역산학의 지식 체계를 수립할 수 있었다. 유학의 사서오경에는 천문학의 기본 원리가 폭넓게 포함되어 있으나 서학과 다른 점은 과학적으로 실증하기 어렵다는 점이다.

류희는 천문역산학 외에 우주론에서도 동서 절충을 통해 새로운 우주론을 모색했다. 류희는 주자의 천체 운행론인 좌선설(左旋說)을 부정하고, 해와 달, 그리고 오행성은 적도와 23.5도 기울어져 있는 황도를 따라 우선(右旋·오른쪽으로 돎)한다고 보았다. 이는 서양의 천문 이론이 실측에 기반을 둔 것이어서 신뢰할 수 있다고 인정한 것으로 볼 수 있다.

류희는 서양의 지구설(地球說)을 수용해 전통적인 천원지방(天圓地方·하늘이 둥글고 땅은 네모)의 논리를 극복했다. 그러나 지전설(地轉說), 지동설(地動說)은 수용하지 못했다. 실측을 중요하게 여기는 류희의 입장에서 볼 때 천동의 증거는 실측을 통해 확보할 수 있다고 보았지만 지전, 지동의 증거는 실측을 통해 쉽게 찾아볼 수 없다고 여겼기 때문이다. 이는 관측 기술의 한계에서 비롯된 것으로, 이 때문에 류희는 천동지정(天動地靜·천동설)의 전통적 사유를 유지하는 태도를 보일 수밖에 없었다.

니콜라 코페르니쿠스는 류희보다 300년 먼저 태어난 천문학자로 지동설을 과학적으로 논증했다. 서양에서는 갈릴레오 갈릴레이, 요하네스 케플러, 아이작 뉴턴에 의해 지구가 태양을 중심으로 돈다는 것이 증명되었지만 조선에서는 생소한 이론이었다.

　　류희의 천문우주론은 기존의 경전이나 성현의 주장을 묵수하지 않고 실측과 실증을 내세워 탐구하고자 했던 소론계 양명학파의 학문적 경향을 반영한다. 따라서 중세적 우주론을 극복하고 새로운 우주론을 개척했다고 평가할 수 있다.

　　류희는 「우주는 나선형으로 돈다」라는 산문에서 역법가 김종협(金宗浹)의 저술을 예로 들어 설명하기를 "움직이지 않는 사물은 쇠퇴하지 않고 오래도록 유지할 수 없으므로 천도(天道)는 항상 움직인다. 또 직진하기만 하는 것이 아니라 천도는 순환한다. 순환하는 물체는 한 바퀴를 돌면 다시 처음의 자리로 돌아온다. 그런데 지나간 것은 새로 오는 것이 될 수 없으니 천도는 정말로 순환하는 것이 아니라 나선형으로 돈다. 작은 나선 큰 나선을 막론하고 나선은 이미 비스듬하게 돈다. 한 바퀴를 돌고 나면 다시 처음 시작한 곳을 만날 수가 없으니 돌수록 점점 차이가 나서 갈수록 무궁하게 된다"고 했다. 류희는 역사의 순환 반복도 부정했다. 과거의 시간은 결코 다시 반복되지 않으므로 예전 풍속과 문학을 회복하려는 복고는 무의미하다는 쪽으로 사상을 전개했다.

의술에 정통했던 류희

류희는 의술에 조예가 깊어 웬만한 병은 스스로 치료하고 인근 백성들의 병을 보살피기도 했다. 류희의 의술은 단순한 생세 수단 차원이 아니라 높은 경지에 있었고, 의약에도 정통했던 것으로 보인다. 류희는 산에서 약초를 캐오는 것뿐만 아니라 직접 재배해 약을 처방했을 정도로 약초에 대해 해박했다. 류희가 시 「약명시(藥名詩)」에서 "산에서 캐온 약초가 광주리에 한 가득"이라고 한 대목을 보면 그가 자연에서 약초를 채취했음을 알 수 있지만, 친구인 조종진이 남긴 류희 묘지명에 "약초를 심고 밭에 물대고 그 방법대로 부지런히 하여 재물이 생겼다"라고 되어 있는 것으로 보아 스스로 약초를 재배하기도 했음을 알 수 있다.

『유록(類錄)』에 수록된 「의약류」에는 약재와 당대 의술에 대한 류희의 자세한 논증이 수록되어 있다. 신작은 『태교신기』의 서문을 쓰면서 류희가 "수리, 천문, 의약의 근원까지 꿰뚫고 있다"고 하였다. 류희의 의약에 대한 지식과 의술은 근원을 꿰뚫는 경지였다.

류희는 스스로 당나라의 이름난 의학자 손사막(孫思邈)에 비유했다. 손사막은 당나라 태종이 국자박사(國子博士)의 자리를 권했을 정도의 의학자였다. 손사막은 이를 사양하고 포의(布衣), 즉 벼슬 없는 가난한 선비로 소박하게 살면서 약재 연구와 의학 연구를 하며 사람의 병을 치료하였고, 이를 바탕으로『천금요방』30권과『천금익방』30권을 저술해 의학 이론을 정립했다.

류희의 삶에서 의술은 본업에 가까웠다. 그는「수병(手病)」이라는 글에서 "나는 손이 두 개 있는데 오른손에만 일을 맡겼으니, 평소에 이 손으로 다른 이의 병을 치료하고 다른 이의 글에 응수하고 다른 이의 일을 해준 것이 몇 천 몇 백 번이나 되는지 헤아릴 수 없다"고 하며 수도 없이 남의 병을 치료했음을 말했다.

또「문의(聞醫)」라는 글에서 "질병에는 본래 어려운 것이 없는데 용렬한 의원이 어렵게 여길 뿐이네. 스스로 어렵게 여기면 어려움을 만나는 경우가 더욱 많아질 것이네. 질병의 기세는 저것에 있으나 의술의 도는 나에게 있으니 나는 나의 도를 행할 뿐이네. 어찌 저 기세의 쉽고 어려움을 따지겠는가"라고 하며 스스로 의술에 막힘이 없음을 이야기했다. 이는 류희가 질병과 의술의 근원과 원리를 파악하고 있다는 것을 의미한다.

류희의 의술 실력은 아버지 류한규를 닮았다. 류희가 남긴 류한규의 일대기「황고가장(皇考家狀)」에는 "아버지는 문학에 깊고, 백술(百術)을 꿰뚫었다"고 기록되어 있다. "천연두(마마)와 홍역 같은 전염병 치료 의학서인『두진방(痘疹方)』을 수정·보완했을 정도로 홍역에 정통했고 의술에 능했다"고도 하였다. 또 류한규는 1775년에 마진(麻疹, 홍역)이 세상에 크게 유행하자 "세상에는 여전히 의원이 많지만 유독 소아과에서는 나와 같은 사람이 적다. 나는

121

홍역을 앓는 아이를 살펴보면 그 오장육부를 훤히 안다"고 하였고, "가까운 마을에서 류한규를 만나 살아난 자가 대게 1,000명을 헤아렸고, 간혹 죽었다가 다시 살아난 자는 성을 류씨(柳氏)로 바꾸기도 했다"고 하였다.

류희보다 11세 위였던 정약용은 류희처럼 실학을 추구했지만 자신의 아들이 의원 노릇을 하자 결사반대함으로써 신분과 직업에 대한 차별 의식을 보여주기도 했다.

농업 경영에 탁월했던 류희

류희는 26세(1798년) 때 과거시험에 대한 미련을 떨쳐버리고 관청농부라는 호를 지어 스스로 농부임을 선언했다. 류희는 '사농공상'의 귀천을 따지지 않고, 자신이 처한 상황에서 실리를 추구하는 쪽으로 인생의 궤도를 수정했다. 이때부터 류희는 농사를 지으면서 학문에 전념했다. 굶어죽더라도 체면만 내세우는 이들과는 달랐다.

후손들을 위해 남긴 글『이손편』의「예사(藝事)」에서 류희는 "사람이 일하지 않고 100년치 옷과 음식을 소비한다면, 이는 늙어도 죽지 않는 도적이다. 선비의 자질도 부족하면서 농부, 공업인, 상인을 꺼려 하는 사람들이 많다. 우리 자손 중에는 이런 사람이 있어서는 안 된다. 만일 문학에 마음을 쓰지 못하면 하나의 비루한 일에라도 종사하여 살아라. 그래야 할 일 없이 밥을 축내지 않을 것이다"라는 교훈을 남겼다. 류희는 무위도식하는 사람들을 도적에 비유하면서 선비로 살아가기가 힘들 바에는 실용 기술에만 능통해도 충분히 먹고 살 수 있다고 했다. 그는 바느질하고 빨래하는 일로도 삶을 유지할 수 있다고 했다. 사회 신분상 최하층에 속하는 상인과 공인에 대한 고정관념을 깰 것을 주문한 것이다.

조선시대에 사대부가 농사를 지을 때는 보통 하인을 부려 여가 차원에서 농사를 짓지만, 류희는 생계를 유지하는 방편으로 본격적인 농사를 지었다.

류희 집안은 류한규가 1775년 을해옥사에 연루돼 서울 생활을 청산하고 용인으로 내려왔을 당시만 해도 크게 궁핍하지는 않았다. 류희가 쓴 「황고가장」에는 "아버지가 노복을 부려 농사를 짓고 채마밭을 가꾸면서 진귀한 꽃과 맛있는 채소를 널리 심었다. 준마와 이름난 송골매를 길러 겨울에는 꿩과 토끼를 사냥하고 여름에는 물고기와 자라를 잡으면서 우거했다"고 기록되어 있다. 낙향 직후라 생활고에 시달리지 않고 대체로 여유로운 생활을 했던 것으로 보인다. 그러나 "말년에는 집에 식량이 자주 비었다"고 하는 것으로 보아 관직을 그만둔 이후 점점 가세가 기울었던 것으로 보인다.

류한규가 세상을 떠난 후 류희 집안은 더욱 힘들었다. 류희는 어머니 사주당의 일대기인 「선비숙인이씨가장(先妣淑人李氏家狀)」을 남겼는데, 이는 '돌아가신 어머니[先妣], 숙인이씨(淑人李氏)의 가장(家狀·집안의 기록)'이라는 뜻이다. 여기에 류희는 생활을 영위할 기본적인 도구도 없었고 자식들이 모두 어려 사주당의 삶이 고단했다고 기록했다.

류희는 "어머니는 변변한 호미도 없이 밭을 일궜고 촛불도 없이 길쌈을 했으니 그 고통이 컸다. 손이 갈라져 터지도록 새끼를 꼬고 새끼로 돌쩌귀를 삼고 거적으로 문을 삼아 소금을 구워서 조강을 얻었으니 그 피로함이 얼마나 심했던가"라고 했다.

어머니 사주당은 열심히 농사를 지었고 여기에서 얻어지는 수확물로 정당한 이재를 통해 재물을 모으기 시작했다. 집안 살림이 한 번에 활짝 필 수는 없지만 차츰 안정되어가는 가운데 류희가 성장해 집안의 가장으로서 본격적으로 농사일에 뛰어들자 가세가 더 좋아졌다.

류희는 농업 경영인이었다. 머리가 좋았던 류희는 약초 재배 등 경제 작물로 농작물의 다각화를 시도했고, 수확량도 많아 수익을 올렸다. 류희의 오랜 벗이었던 조종진은 류희의 묘지명에 "약초를 심고 밭에 물대고 그 방법대로 부지런히 하여 재물이 생겼다. 재산을 증식함에 불의로 하지 않았고 집안의 촌토(寸土)도 모두 제 손으로 장만한 것이었다. 일을 하는 데 있어서 미리 알아서 대처했고, 농사일에서는 남보다 수확이 많았다"고 남겼다. 류희는 지리,

제2장 류희의 학문 세계

농정(農政), 종수(種樹) 관련 저작도 남겼으니 생업인 농업까지도 전문가 수준인 셈이었다.

류희는 미래를 내다보는 복서에 능해 닥쳐올 기근에 대비해서 1809년 4월에 어머니를 모시고 충북 단양으로 이주하여 그곳에서 10년간 살면서 농사를 지었다. 그 결과 류희는 가뭄을 피할 수 있었고 당시 기호지방에서 유행하던 병충해인 명충(螟蟲)과 황충(蝗蟲)의 해도 피했다. 단양 지방은 지대가 높고 선선했기 때문으로 보인다. 류희는 이런 단양을 선향(仙鄕)으로 묘사했다.

류희는 황무지를 개간해 토지 소유를 합법적으로 확보해나간 것으로 보인다. 조선시대에는 개간을 적극 권장했다. 묵은 땅이나 황무지를 개간한 사람에게 토지 소유권을 인정하고 일정 기간 세금을 면제하거나 감면해줬다. 류희가 단양에 이주해 살면서 지은 시를 모은 시집 『일전단집』에 실린 「화강다각색면명시(和絳茶各色綿名詩)」라는 시에 "어떤 곳의 썩은 풀은 베고 개간할지 헤매지만"이라는 구절이 있다. 차츰 방법을 터득해가면서 단양에서 자신의 농토를 소유해나갔고, 이를 토대로 수입을 올려 조상에게 제사도 지내고, 자식의 혼례를 치를 수 있었다고 보인다.

류희는 어머니가 용인으로 돌아가고 싶어 하자 10년 동안의 단양 생활을 정리하고 1819년 향리인 모현촌 마산리로 돌아왔다.

천주학에 대한 견해

류희가 천주교 사제와 교분을 나누었다는 기록은 없다. 하지만 조선 후기에 모두 다섯 차례의 천주교 박해가 있었는데, 이 중에 두 번의 박해가 류희가 생존했을 당시에 일어났다.

정조 15년인 1791년, 류희가 향시에 응시했던 18세 때 신해박해(辛亥迫害)가 있었고 순조 원년인 1801년, 그의 나이 28세 때 신유박해(辛酉迫害)가 일어났다.

신해박해로 처형된 천주교 신자는 소수였지만 조선인 최초로 영세를 받은 이승훈과 정약종, 정약용 형제가 연루되어 조정에 파장이 컸다. 결국, 이승훈은 종교를 배반하여 구명되었고 정약종과 정약용 형제는 양반이라는 것이 정상 참작되고 가담이 경미하다 하여 정조의 특별한 배려로 체포된 지 11일 만에 방면되었다. 정약용 형제는 이복형으로 집안의 적장자인 정약현(丁若鉉)을 제외한 동복형제인 정약전, 정약종, 정약용 모두 천주교 신자였다. 그 뒤 신유박해 때 정약전과 정약용은 종교를 저버려 삭탈관직 후 유배형에 처하는 것에 그쳤지만, 셋째 정약종은 배교를 거부하여 이승훈과 함께 참수형에 처해졌다. 신유박해 때 순교한 천주교 신자는 300여 명으로 조선 후기에 일어난 네 번의 대규모 박해 중 첫 번째 사건이다.

류희가 생전에 천주교에 연루된 기록은 없으나 당시의 실학사상을 가진 선비 중에 천주교 신자가 많았던 것에 비추어볼 때 류희도 이들과 어느 정도의 교분은 있었을 것으로 짐작된다.

류희는 천주교도들이 주자학을 배척하고 조상의 제례도 지내지 않는 것에 비판적이었다. 주자학의 관점에서는 천주학을 이단으로 보았는데, 류희 역시 서학을 접하기는 하였으나 비판적 시각에서 통독한 것으로 보인다. 이렇게 볼 때 류희는 천주학의 교리에 관심을 갖기는 했지만 그것은 주자학에 입각하여 천주학의 논리적 모순을 찾아내기 위해서였던 것으로 보인다. 류희는『벽천주학책(闢天主學策)』을 지어 천주교를 배척해야 한다고 주장했다.

천주교는 조선보다 일본에 훨씬 먼저 전파되었다. 임진왜란 당시 왜군 제1진을 이끌고 선봉장으로 부산진에 가장 먼저 상륙한 고니시 유키나가(小西行長)는 상인 가문에서 태어나 일찍이 천주교를 접했고 세례를 받아 아우구스티누스라는 세례명을 가진 '기독교도 다이묘'였다. 고니시 유키나가는 도요토미 히데요시(豊臣秀吉)의 총애를 받아 상인 가문 출신임에도 다이묘(大名)에 봉해졌고 조선 원정군 선봉장에 임명되었다.

고니시의 부대에는 일명 기리시단(기독교도)으로 이루어진 별도의 부대가 있을 만큼 기독교도가 많았고, 그가 일본으로 데려간 조선인 중에는 기독교 세례를 받은 사람이 많았다. 양가(良家)의 소녀로 평양 인근에서 9세에 부모를 잃고 떠돌다 고니시에게 구조되어 양녀로 입적된 '오타 줄리아'가 대표적인 인물이다.

그녀는 고니시 유키나가가 세키가하라 전투에서 서군에 가담하여 처형된 이후에도 그의 부인에 의해 지극정성으로 길러졌고 일본 최초의 성인으로 로마 교황에 의해 시성된 인물이다. 고니시 유키나가는 기독교의 신앙에 어긋난다며 할복을 거부하여 참수형에 처해졌다.

도요토미 히데요시 시대에는 천주교의 포교가 허용되어 일본에만 30여만 명의 기독교인이 있었다. 도요토미 히데요시 사후 일본의 패권을 장악하고 도쿠가와 막부를 개설한 도쿠가와 이에야스(德川家康)는 천주교 탄압 정책으로 선회했고, 일본에 대규모 천주교 박해가 시작되었다. 일본의 천주교 박해는 3대 쇼군 도쿠가와 이에미쓰 치세에 극에 달했는데 이 시기에 무려 30여만 명의 천주교 신자가 박해를 받고 처형되었다.

이 숫자는 로마 가톨릭 역사상 가장 많은 천주교도가 순교하거나 처형된 기록이다. 일본에서는 철저한 탄압으로 1840년대에 천주교가 멸절되었고, 막부의 철통같은 쇄국 정책으로 교역이 허가된 나라는 명나라와 조선, 그리고 선교 활동을 하지 않는다는 조건으로 통상을 허용한 포르투갈뿐이었다.

일본과 거의 두 세기 가까이 시차를 두고 이번에는 조선에서 천주교 박해가 시작되었다. 조선 천주교 박해의 역사는 정조가 급서하자 강경파인 노론 벽파가 천주교인이 많은 남인의 뿌리를 뽑는 정쟁의 도구로 이용하면서 규모가 확대되었다.

정조는 분명 역대의 군주들과 비교하면 개혁적인 임금이었던 것은 틀림없다. 그러나 정조 역시 성리학을 조선왕조의 지배 이데올로기로 삼은 체제를 옹호하는 기득권층의 정점이었음은 분명한 사실이다.

정조는 서얼을 등용하고 장용영(壯勇營)을 설치하여 왕권을 강화하였고 화성(華城)을 축조하여 세자(순조)에게 선위하고 배후에서 통치하겠다는 큰 그림을 그렸으나 49세, 재위 24년 만에 붕어하여 원대했던 계획은 무산되었다. 정조의 급서를 둘러싸고 정순왕후와 노론에 의한 독살설이 지금까지 끊이지 않고 있으나 확인된 사실은 아니다.

정조의 급서는 소론과 남인에게는 분명 청천벽력과도 같은 사건이었다. 순조 원년에 일어난 신유박해는 노론이 소론과 남인을 일소하는 데 호재로 작용했다. 류희가 출사의 뜻을 완전히 접은 것은 정조의 붕어와 신유박해가 지대한 영향을 미친 것이 틀림없어 보인다. 역사에 가정은 없다지만 만약 정조가 장수하였더라면 류희가 재야에만 머물지는 않았을 것이다. 개혁 군주 정조의 죽음은 남인의 몰락과 실학에 대한 대대적인 탄압으로 이어졌다. 류희가 농사를 짓기로 결심한 것은 순조 원년에 벌어진 신유박해를 경험하고서 세속 정치에 환멸을 느꼈기 때문으로도 볼 수 있다.

제3장 류희의 사람들

1 스승, 친우, 가족

류희는 천하기재

생각건대 우리 남악은

예전에도 드문 인물

이승에선 쓰이지 못했으나

뒷세상엔 영원하리

_ 조종진, 서파 류희 묘지 명문(銘文)

조종진은 청소년기부터 죽을 때까지 류희를 가장 가까이
에서 지켜본 평생지기로, 누구보다 류희를 잘 알았다. 그는 류희의 천재성을 류희보다 더 좋아했고, 주변 인물들한테 자랑함을 참지 못했다. 그는 류희의 묘지 명문(銘文)에 고금을 통틀어 보기 드문 천재였음을 기록했다. 명(銘)은 앞에서 서술한 내용을 한 편의 시로 요약한 것을 말한다.

조종진의 명문대로 류희는 당대에는 세상에서 소외된 丞의 요 한사였으나, 250년이 지난 오늘날 『문통』이 세상에 알려지면서 대학자의 반열에 올라섰다.

조종진은 묘지명 「남악류진사묘지」에 "아! 하늘이 예로부터 오늘까지 학문 깊고 통달한 재주 있는 선비 내기를 어찌 자주하였으랴. 어찌 왕에게 올려 백성에게 은혜를 입히게 하지 않고 바위숲에서 벼슬도 없이 늙어 죽게 하였는가. 남악 류계중은 내 벗이 아니라 내가 본받을 스승이다"라며 글을 열었다. 남악은 류희의 호 가운데 하나이며, 계중은 류희의 자이다.

류희는 조종진보다 여섯 살 아래였으나 오히려 조종진은 류희를 스승으로 여기며 슬픔을 가누지 못했다. 조종진은 묘지명에서 "내가 서른 때 사촌형 조중진이 내게 '너 기재(奇才)를 본 적 있나'라고 하기에 내 친구 서파가 기재라고 대답했더니 소개해달라고 했다. 그래서 서파가 조중진의 집을 방문했는데 조중진은 류희를 사흘간이나 붙들고 보내주지를 않았다. 그 후 조중진이 나를 나무라며 '너 어찌 류희를 기재라 하는가'라고 하였다. 그러면 기재가 아니냐고 물었더니 '이런 사람은 천하의 기재라. 어찌 기재라고만 해서 되겠는가'라고 하였다. 조중진은 나이 칠십에 비로소 천하의 기재를 만나게 되었다고 하였다"라고 기록했다. 이때 조종진이 30세였으니 서파는 24세였고, 조중진은 65세였다. 조중진은 조선 후기 문신으로, 본관은 풍양이며 1754년(영조 30년)에 생원시에 합격했고 평강현감, 직산현감 등을 역임했다.

조종진은 류희에게 윤광안을 소개한 일화도 기록했다. "윤광안이 내게 묻기를 '식견이 깊고 학문이 넓은 이가 누가 있는가'라고 하기에 서파 류희 이야기를 했더니 '분수(分數)로 말하면 어떤가' 하기에 '류희가 9분이면, 노형은 3분일세' 하였다. 그랬더니 '사네와는 어떤가' 하기에 '나 같은 것은 비할 수도 없지요'라고 하였다. 소개해 사귀더니 내게 고마워하며 '자네가 나더러 3분이라 하더니 이 사람을 만나보니 3분도 채 못 되네'하는 것이었다"며 "조중진과 윤광안 두 분 모두 족히 한 세상을 탄복시킬 만한데도 모두 소년 시절의 류희에게 탄복하였다. 하물며 정진을 거듭해 65세에 이른 류희는 이치를 보는 눈이 더욱 정밀하고 학문이 더욱 넓어졌을 것이니 류희의 학문적 역량을 짐작하고도 남음이 있다"고 하였다.

조종진은 류희의 인품에 대해서도 "류희가 거처하는 동네에 가서 사람들에게 물으니 류희가 부처님 같다든가, 효성스럽고 높은 분이라는 말들을 하였다"고 했다. 류희가 천성이 곧고 행실이 깨끗했음을 말해준다.

신작은 류희의 학문이 근본을 꿰뚫고 있다고 하였고, 정인보는 류희를 석학이라고 하였다.

류희의 스승과 벗

류희가 어린 시절 아버지를 여의자 사주당은 호미도 없이 밭을 일구고, 촛불도 없이 길쌈을 하는 어려운 살림살이에도 어린 류희에게 식량을 싸주어 멀리 유학하게 하였다.

류희는 어린 시절에 아버지 류한규가 작고하자 아버지와 사로사(四老社)를 함께했던 윤형철에게서 과시(科詩)를 배웠다. 이후 윤광안에게서 경학을 배웠다. 윤광안은 소론계 문신으로 경행(經行)과 문학으로 명성이 높았다. 『방편자서독』에 류희가 28세 때 윤광안과 나눈 편지가 처음 등장해 이 무렵 절친한 사이인 조종진이 둘을 소개한 것으로 보인다.

윤광안은 열여섯 살 어린 류희의 식견과 학문이 자신보다 높다고 칭찬해 스승과 제자의 관계임과 동시에 학문적·정치적 동지로 교유관계를 유지했을 것으로 보인다. 류희는 윤광안을 지헌(止軒)이라는 호로 부르거나 가곡선생(稼谷先生)으로 부르며 스승으로 모셨다. 윤광안은 윤증의 후손으로 윤증의 학맥을 이은 인물이다. 1808년에 윤광안이 유배를 가게 되자 류희가 윤광안을 적극

변호하기도 했다. 두 사람의 만남은 평생 이어졌고, 마침내 1817년 류희는 윤광안의 제문을 썼다. 류희가 윤광안에게 경학, 예학, 물명학에 대해 질문을 하며 활발하게 토론한 것이『방편자서독』에 나온다.

류희는 실학자이며 정음학자인 정동유를 사사해 당대의 문자음운학에 일가견을 이루었다. 위당 정인보는 정음학을 중심으로 정제두, 이광려, 정동유, 류희로 이어지는 강화학파의 한 계보를 제창하였다.

류희는 소론계 문인들과 폭넓게 교류했는데, 류희의 친할머니가 소론계로 분류되는 강화학파의 일원인 전주 이씨 덕천군파 가문의 딸이었기 때문에 덕천군파 가문의 이면눌(李勉訥)과 친분이 두터웠다. 덕천군파와의 관계는 평산 신씨와의 교우로 이어져 류희가 약관의 나이에 소론계 강화학파인 신작에게 경륜을 배웠고, 그후 어머니 사주당이 쓴『태교신기』서문과 어머니 묘지명을 신작이 써주면서 신작의 형제들과도 더욱 가까워졌다.

신작의 집안, 정동유의 집안, 홍성모의 집안은 상당한 장서를 보유하여 류희가 폭넓은 분야의 학문을 연구하는 데 도움을 주었다. 이처럼 소론계 문인들의 개방적인 학문 태도와 방대한 장서는 류희의 박학벽을 충족시켜주면서 학문을 확산시킬 수 있게 길을 터줬다.

류희는 강필효(姜必孝)와도 교유했다. 강필효는 유학에 있

1 스승, 친우, 가족

어 윤증의 학문을 이은 정통 소론 계열로 평가받는 인물이다. 또 류희는 소론의 적통을 강필효에게 이어받은 성근묵(成近默) 등 창녕 성씨 일족과도 교유했다. 강필효의 문하생 가운데 이양연(李亮淵)과도 친밀한 교유관계를 가졌다. 류희와 집이 가까워 서로 왕래하면서 우애를 다졌고, 이양연은 사주당에게 학문을 배웠다.

경화세족으로 위세를 떨치던 풍양 조씨 가문 출신의 조종진 형제와도 친밀한 교유관계를 가졌다. 조종진 형제 중 일찍 세상을 떠난 장남을 제외한 6명의 형제가 모두 류희와 교유했다. 조종진이 소개한 조중진, 재능을 알아주지 않는 세태를 나눈 서덕정, 같은 마을에 살던 윤흡, 박기순 등 여러 인물과 교유했다.

이렇듯 당대의 빼어난 명사들과 교유한 류희였지만, 그에게 가장 큰 영향을 미친 것은 다름 아닌 가족들이었다. 조선 최고의 태교서 『태교신기』를 집필한 어머니 이사주당과 삶의 모범이 된 아버지 류한규는 물론, 사촌 누이 빙허각 이씨 등 류희의 가까이에는 언제나 큰 스승들이 있었다.

백과사전 가족

류희는 사촌 누나 빙허각 이씨가 친정어머니의 덕행을 기리는 책을 쓰자 발문을 써주었다. 빙허각 이씨의 친정어머니 진주

류씨는 류희의 고모다. 즉 빙허각 이씨의 친정어머니는 아버지 류한규와 남매지간이다. 빙허각 이씨에게 사주당 이씨는 외숙모가된다. 빙허각 이씨는 예조판서, 충청도 관찰사 등을 지낸 이병정의동생이다.

류희는 빙허각 이씨의 재주를 아까워했다. 자신의 어머니사주당처럼 당대의 여류학자로 실학 연구에 평생을 정진했고 출중했던 학문을 가졌으나 여성이라는 한계 탓에 재주를 마음껏 펼치기 어려운 처지라 여겼기 때문으로 보인다. 빙허각 이씨는 실학을 연구했고 사주당 이씨는 주자학을 공부했다. 빙허각 이씨는 1759년(영조 35년)에 태어나 1824년(순조 24년)에 죽었다. 류희보다는 열네 살 위였다.

빙허각 이씨는 조선 후기의 대표적인 여성 실학자로 명문가였던 대구 서씨 서유본에게 출가하였다. 서유본의 부친인 서호수는 이조판서를 지냈고, 저명한 실학자인 서유구가 서유본의 동생이다. 빙허각 이씨는 조선 최초의 가정백과사전인『규합총서』와『청규박물지』,『빙허각고략』을 저술했다.

『규합총서』의 제목은 남편인 서유본이 붙인 것이다. 서유본은 실학자인 부인을 학문적 동지로서 대했으며 부부간 금실이 각별하였다. 빙허각 이씨는 남편 서유본이 1822년(순조 22년) 작고하자 죽은 남편을 위한「절명사(絶命詞)」를 짓고 누워서만 지내다가 19개월 후에 남편의 뒤를 따랐다. 빙허각 같은 여성 지식인도 조선 여인들을 옥죄었던 열녀 사상의 희생양이었던 셈이다.

류희는 사촌 매형인 서유본에게 특히 많은 도움을 받았다. 빙허각 이씨의 남편 서유본의 달성 서씨 집안은 조선 숙종 때에 이르러 크게 번성했는데 문중에서 배출한 삼공육경이 손가락이 모자랄 정도로 많았고, 서유본과 그의 동생 서유구는 조선 후기의 대표적인 실학자였다. 서유본과 서유구 형제는 주자학을 죽은 학문으로 치부하지는 않았지만, 민생에 반영할 수 없으면 백성에게 도움이 되지 않는다는 입장을 갖고 있었다.

빙허각 이씨는 시동생 서유구를 사실상 키우다시피 했다. 서유구는 1806년 관직에서 물러나 18년간 농촌에 살다 순조 24년 관직에 복귀하였다. 서유구는 형조·예조판서, 대사헌을 거쳐 이조·병조판서, 좌·우참찬, 대제학 등 조정의 주요 요직을 역임했다. 그러나 서유구가 실학자로 역사에 길이 남은 것은 귀양살이와 진배없었던 18년간의 농촌 생활에서 경험한 농사 지식을 토대로 조선조 최초의 농업 백과사전인『임원경제십육지(林園經濟十六志)』를 저술한 것 때문이다. 서유구는 경기도 남양주에서 82세를 일기로 숨졌는데 그가 저술한『임원경제십육지』는 국보급 유산이다.

류희와 가까운 주변은 이처럼 조선 후기를 대표하는 실학자이고 혈연과 사돈 관계로 연결되어 있다. 서유본 집안의 박학은 류희의 박학에도 영향을 미쳤다. 류희가 재야의 실학자로 주자학에 자신이 경험한 것들을 더해 나름의 논리 체계를 세우고『문통』

과『물명고』,『언문지』같은 저술을 다수 남겼다면, 사돈인 서유구는 농업 백과사전인『임원경제십육지』를 남겼다. 그리고 어머니 사주당은『태교신기』를, 고종 사촌누이 빙허각 이씨는 최초의 가정 백과사전인『빙허각전서』(『규합총서』와『청규박물지』,『빙허각고략』으로 구성)를 저술했다. 한마디로 말해 이들은 백과사전 가족이자, 산모의 건강과 태교의 올바른 방법을 세상에 선물한 대단한 집안이었다.

류희와 친밀하게 지낸 인척 가운데 이조묵(李祖默)도 빼놓을 수 없다. 이조묵은 류희의 고모의 손자(빙허각 이씨의 조카)로 당대에 이름난 장서가였다. 류희는 대단한 장서가였던 이조묵을 통해 청대 문물을 접했다.

류희의 아버지 애오자 류한규

류희의 아버지 애오자(愛吾子) 류한규는 생원 류담과 전주 이씨 덕천군파 군수 이진경의 딸인 전주 이씨 사이에서 서울 명례방의 사저에서 태어났다. 명례방은 오늘날 을지로 입구에서부터 명동성당 부근이다.

덕천군파는 강화학파의 일원으로, 류한규가 소론 명문가 인물인 이광사에게서 서법(書法)을 배우고, 류희가 이광려에게 글을 배울 수 있는 계기가 되었다. 이광사는 안평대군, 석봉(石峯) 한호(韓濩), 추사(秋史) 김정희(金正喜)와 더불어 조선 4대 명필로 가장 한국적인 동국진체(東國眞體)를 개발한 인물이다.

류한규는 학문적으로 경학은 물론 역학, 수학, 율려, 의학 등 여러 방면에 소질이 있었다. 어린 류희에게 음양의 소장(消長)과 64괘(卦)와 36궁(宮)과 절기와 율려(律呂)에 대해 손수 그림을 그려서 조리 있게 설명해주어 류희가 쉽게 받아들였다. 류한규는 동생 류한기와 함께 주수(籌數)를 익혀 『산학계몽(算學啓蒙)』에 주석을 증보했고 『기주주설(朞註籌說)』 1권을 지어 집에 소장했다. 류희는 이 같은 아버지를 닮아 이과 방면에 뛰어난 소질을 발휘할 수 있었다.

류한규는 『두진방(痘疹方)』, 『응골방(鷹鶻方)』, 『절작통편(節酌通編)』을 증보하고, 『율려신서(律呂新書)』, 『산학계몽(算學啓蒙)』을 평찬(評讚)했으며 『할원팔선도설(割圓八線圖說)』을 주석했다. 류한규의 친구 윤형철은 "류한규는 재주와 품격이 출중하고 총명해 옛일에 해박하며 시문에 뛰어났다. 모르는 것은 깊이 연구하고 벗에게 물어 분명하게 알고 난 후 그만두었으니 아는 것이 많아 동년배들이 따라가지 못했다"고 했다. 시 쓰기를 즐겼고 시풍은 만당풍이었으나 후세에 전하는 데 뜻을 두지 않아 없어진 것이 많다. 류희가 아버지의 시를 정리해 『문통』에 「애오자시집」으로 수록했다.

류희는 류한규 가장인 「황고가장」에 "아버지는 키가 8척 남짓이었고 얼굴이 말랐으며 수염은 성기고 길지 않았다"고 외모를 묘사했다. 또 언변이 좋았고 실없는 농담을 하지 않았으며 걸음걸이는 느긋하고 여유로웠다고 행동거지를 묘사했다. 총명함이 뛰어나 한번 귀로 듣고 눈으로 보면 잊어버리지 않았고, 다른 사람의 말을 들으면 그 사람을 헤아려 장래의 성패를 판단했는데 조금도 틀리지 않았다고 했다.

류한규는 어려서부터 민첩하고 총명했고 호탕했다. 약관의 나이에 날래고 용맹해 옛 유협을 흠모하여 아이들을 거느리고 길에서 불공정한 일을 보면 곧장 구해주었다. 언사와 기색이 교만한 귀족 자제를 만나면 소매에 넣고 다니던 대나무 여의(如意, 등긁개)로 때렸는데 이를 본 사람들이 칭찬했다는 일화가 전한다. 1755년 을해옥사 때 나졸이 붙잡아 갈 때도 편안한 안색으로 집안일을 다 처리하고 나서 침착하게 체포에 응했을 정도로 당당하고 단정했다.

류한규는 바둑과 골패 같은 여러 놀이에도 당해낼 자가 드물었다. 낚시를 하면 빈 낚싯바늘을 들어올리지 않았고, 꿩을 사냥하면 두 번 쫓지 않았을 정도로 낚시와 수렵에 뛰어났다. 특히 활을 잘 쏘았다. 작은 과녁을 쏠 때는 대적할 만한 사람이 없었다. 구율(彀率, 활 쏘는 법칙)에도 뛰어났다. 말, 소, 매, 닭을 잘 알아보았고 그것을 사육하는 방법에 모두 정통했다. 사람들의 운명을 잘 헤아렸고 고대 천문 관측 기구인 성반(星盤)을 잘 다뤘으며, 관상법을

1 스승, 친우, 가족

잘 알았다.

의술에도 뛰어나 홍역에 정통했다. 류한규는 홍역을 앓는 아이를 보면 그 오장육부를 훤히 안다고 하였을 정도로 근원의 원리에 통달했다. 살린 자가 1,000명을 헤아렸다.

류희가 사술(邪術)을 배척하는 것은 부친으로부터 전혜받았다. 류한규는 묏자리가 후손에게 복덕을 줄 수 있다고 하는 것은 옳지 않다고 했다. 한 사람의 몸은 그 부모와 다른 존재라서 살아 있을 때 가렵고 아픈 것도 서로 감응하지 못하는데 하물며 이미 썩어버린 유골이야 당연하지 않겠냐고 했다. 류한규는 묘를 옮기는 이장이 백골을 파낼 때 오래 밀폐돼 있던 관을 움직여 열자마자 막혀 있던 기운이 사람을 엄습해서 거의 복을 구할 수 없고 오히려 자손에게 재앙을 끼친다고 했다. 그러므로 사람들이 금하는 땅에는 묻지 말고 이미 묻었다면 이유 없이 옮기지 말라고 했다. 그러나 류희는 부친인 목천공의 무덤을 이장해 어머니 사주당과 관청동 당봉 아래 합장했다. 이는 네 번째 부인이었던 어머니였지만 양친을 함께 모시고자 하는 효심의 발로였다.

류한규는 27세에 식년시 진사 3등급에서 23위(전체 100명 중 53등)로 합격해 성균관에 들어가 대과를 준비하던 중 변려문 과제를 잘하여 재주와 명성이 높았다. 32세에 관직에 나가 형조좌랑이던 1755년에 을해옥사에 연루돼 투옥됐다가 무혐의로 풀려난 후 입신양명의 뜻을 거두고 선조들의 세거지인 용인 모현면 마산리로 낙향했다. 관직에서 물러난 지 22년 만인 1777년(정조 1년)에 이조판서 서명선의 추천과 시랑 정창성의 옹호로 복직돼 목천현감으로 부임했으나 조카 이병정이 신임 충청감사에 임명돼 상피해야 함에 따라 한 달여 만에 관직을 그만두었다. 1783년 66세에 지병인 복하(뱃속에 딱딱한 덩어리가 생기는 병)로 세상을 떠나 관청동 언덕에 묻혔다.

2 여성 지식인 어머니 이사주당

허난설헌에 비견되는 이사주당의 천재성

류희의 모친인 이사주당의 학문은 조선 중기의 여류 시인 허난설헌(許蘭雪軒)에 비유될 정도로 출중하였다.

허난설헌은 1563년 강릉 초당동에서 태어나 1589년 한성부에서 세상을 떠났다. 허난설헌의 부친은 허엽(許曄)으로 조선 명종과 선조 시대의 관리이자 문장가였다. 허난설헌은 허엽 슬하의 3남 1녀 중 유일한 여식이었다. 허성과 허봉은 그녀의 오빠였고 『홍길동전』을 저술한 유명한 허균이 손아래 동생이다. 허난설헌의 이름은 초희(楚姬), 자는 경번(景樊), 난설헌(蘭雪軒)은 당호(堂號)이다. 허난설헌은 자색이 출중하고 학문이 높았으며 한시에 재주가 뛰어났다. 허난설헌은 15세에 김성립(金誠立)과 혼인하여 27세에 요절하였다. 슬하에 남매를 두었으나 어려서 사망했다.

허난설헌은 조선조를 통틀어 첫손가락에 꼽히는 천재 여류 시인이었다. 그녀의 시는 허균이 명나라에서 사신으로 온 주지번(朱之蕃)에게 보여준 것이『난설헌집(蘭雪軒集)』으로 출간되어 모두 216수의 시가 전해진다. 허난설헌의 시를 읽고 감탄한 주지번이 자비를 들여 출간한『난설헌집』은 명나라는 물론 이후 청나라에서도 대단한 인기를 끌었다. 만약 허균이 누나의 시를 주지번에게 선네지 않았다면 허난설헌은 이름 없는 조선의 그렇고 그런 여인으로 사라졌을 것이다. 허난설헌은 시문은 물론 서화에도 능했다.

사주당 이씨가 허난설헌에게 비유되는 것은 학문적 성과 때문이다. 사주당의 저술 중 현재 전해지고 있는 작품은『태교신기』가 유일하다. 사주당은 여러 서책과 서간을 집필했다. 사주당 이씨는 태종(太宗)의 서자인 경녕군을 중시조로 하는 전주 이씨 11세손으로 1739년(영조 15년) 청주에서 아버지 이창식과 어머니 강덕언 사이에서 태어나『소학(小學)』,『주자가례(朱子家禮)』,『여사서(女四書)』,『사서삼경』등을 독학으로 터득해 당대의 석학들이 학문을 논하기를 바라는 수준에 이르렀다.

사주당은 사별로 홀로된 류한규의 네 번째 부인으로 출가하여 류희를 비롯해 세 딸을 낳았고, 남편으로부터 주역과 산학을 익혀 천문지리에도 능통하게 되었다. 사주당은 주자학에 대한 자신의 견해를 비롯한 여러 저술을 집필했는데, 1821년(순조 22년) 83세를 일기로 세상을 떠나면서 아들 류희에게 『태교신기』만 남기고 모두 불사르라고 유언하였다. 효자로 이름 높았던 류희는 어머니의 유언을 충실하게 따랐고, 사주당의 저술은 아쉽게도 한 줌의 재가 되어 사라졌다. 사주당 이씨는 당시로는 보기 드물게 83세까지 장수했다. 사주당이 장수한 것을 보면 평소 기복 없이 일정한 규칙에 따라 섭생하고 사고했음을 유추할 수 있다.

사주당의 소녀 시절 성리학 수준은 이씨 가문의 장부들도 앞서는 자가 없었고, 충청도 유림에 15세 사주당이 이미 경사에 능통하고 행동과 태도가 보통 사람과 다르다는 명성과 칭찬이 가득했다.

허난설헌과 사주당 이씨는 자신의 당호를 가졌는데, 이는 조선시대의 여인으로서는 유례를 찾기가 힘든 일이다. 명월(明月)이라는 당호로 불린 황진이처럼 유명한 기생은 논외로 치자. 황진이와 버금갈 정도로 이름을 날린 명기(名妓) 중에는 기명(妓名)이 당호처럼 굳어져 후세에 전해 내려오는 경우도 많다. 그러나 반가의 여인이 당호를 가진 경우는 신사임당(申師任堂), 허난설헌, 이사주당, 이빙허각 등을 비롯해 수명에 그친다. 사주당은 류한규에게 출가한 직후에 당호를 희현당(希賢堂)으로 지었다가 '주자(朱子)를 배운다'는 뜻의 사주당(師朱堂)으로 바꾸었다.

사주당은 남편과 함께 성리학 토론을 즐겼다. 사주당은 서인(西人)이 노론과 소론으로 분열되는 데 중심 역할을 한 노론의 송시열과 소론의 윤증 모두를 비판하는 중립적인 견해를 가졌던 것으로 알려졌다. 사주당은 붕당 쟁론의 원인을 철학과 사상의 차이가 아닌 "극원(克怨)에 있다"고 지적했다. 극원은 '남에게 이기기를 좋아하며 상대를 원망한다'는 뜻이다.

사주당이 붕당의 원인을 "반목하여 이기고자 하는 이기심에서 비롯되었다"고 갈파한 것은 당시의 여성으로서는 높은 정치 의식과 예리한 통찰력을 가졌음을 보여주는 것이다. 사주당의 비판은 조선 말기 이건창(李建昌)이 『당의통략(黨議通略)』에서 "시비가 불분명한 일로 거국적인 붕당 시비가 200년간 지속되었다"라고 비판한 것과 같은 맥락이다.

이러한 기록은 아들 류희가 쓴 「선비숙인이씨가장」에 실려 있다. 류희가 어머니 사주당을 숙인(淑人)이라 칭한 것은 류한규가 목천현감 벼슬을 했기 때문이다. 숙인은 당상관인 정삼품과 종삼품 벼슬을 한 외명부에 주어진 '숙부인(淑夫人)' 품계의 바로 아래인 종삼품 이하의 외명부에 내려진 품계이다.

이에 반해 허난설헌은 반가의 여인으로 스스로 호(號)는 물론 자(字)까지 지었다. 자를 지은 것으로 비추어볼 때 허난설헌은 자부심이 남달랐던 것으로 보인다. 그리고 스스로 자신의 재주가 남자보다 우월함을 자각했던 것으로 보인다. 자타가 공인했던 허균 같은 천재도 자신의 누이를 일컬어 "누님의 재주가 명월(明月)

2 여성 지식인 어머니 이사주당

이라면 나의 재주는 반딧불에도 미치지 못한다"고 했다. 아버지 허엽도 딸의 재주를 알아보고 공부를 하는 것을 허락했고, 여식으로 태어난 것을 못내 아쉬워했다고 한다.

사주당 이씨 역시 자신이 여느 반가의 규수와 다르다는 것을 인식했던 것으로 보인다. 신작이 쓴 그녀의 묘비명에 의하면 징삼품 도정 벼슬을 하는 이창현과 정구품 세마 벼슬을 하는 이필효가 일찍이 사람을 알선하여 글에서 의문 나는 바를 묻고자 알려왔다. 그리고 상사 이면눌과 산림 이양연이 마루에 올라와 큰 절을 하고 직접 가르침 받는 것을 영광으로 여겼으니 식견 있는 사람들이 사주당을 대하는 태도가 이와 같았다.

주자의 이론에 막힘없이 답하고 해석하는 이사주당의 해박함과 총기에 임금의 경연관도 찬탄을 금치 못했다. 남녀칠세부동석인 조선의 나라에서 한원진, 송명흠 같은 호서 거유들조차 자신의 친척이 아니라 만나서 토론할 수 없음을 한탄할 정도였으니 이사주당의 학문을 미루어 짐작할 수 있다.

영국의 여류 소설가로 『오만과 편견』, 『이성과 감성』, 『엠마』 등을 펴낸 제인 오스틴은 사주당보다 36년이나 늦은 1775년에 태어났다. 그런데도 그녀는 당시 귀족과 젠트리 계급의 결혼을 주제로 한 소설밖에 집필할 수 없었다. 제인 오스틴보다 43년이나 늦은 1818년에 태어난 『폭풍의 언덕』의 작가 에밀리 브론테는 제인 오스틴을 가리켜 여성을 상품화하고 시시껄렁한 연애소설이나 쓴다며 비난에 가까운 비판을 하였다. 당시 산업혁명 이후 비약적인 발전을 이루고 대영제국의 기틀을 잡아가던 영국에서조차 여성의 신분으로 작가가 된다는 것은 감히 엄두를 내기 어려운 일이었다. 하물며 가장 폐쇄적인 유교 국가인 조선에서 여성의 몸으로 학문을 한다는 것은 낙타가 바늘구멍을 통과하는 것만큼이나 힘든 일이었다.

신사임당과 이사주당의 공통분모 아들

이사주당은 여러모로 신사임당과 닮았다. 두 사람은 사임당, 사주당이라는 당호를 사용하였다. 역사를 잘 모르거나 설사 안다 해도 인지도에서 신사임당이 월등히 앞선다. 이사주당을 아는 사람은 그리 많지 않다. 신사임당은 율곡(栗谷) 이이(李珥)의 어머니이다. 율곡 이이는 기호학파(畿湖學派)를 대표하는 대유학자로 영남학파(嶺南學派)의 태두인 퇴계(退溪) 이황(李滉)과 쌍벽을 이루는 조선시대 성리학의 최고봉이다.

신사임당은 조선 전기 연산군 10년(1504년)에 태어나 명종 6년(1551년)에 48세의 일기로 세상을 떠났다. 사임당은 〈자리도〉, 〈초충도〉, 〈노안도〉 등의 작품을 그린 저명한 여류 화가였다. 신사임당은 평산 신씨 문중에서 부친 신명화(申命和)와 모친 용인 이씨의 무남독녀로 태어났다. 사임당은 이사온(李思溫)의 여식으로 역시 무남독녀였던 어머니 용인 이씨가 아들을 대신하였던 관계로 외가인 강릉 북평촌에서 태어나고 자랐다.

당호인 사임당은 중국 고대 주나라 문왕(文王)의 어머니인 태임(太任)을 본받는다는 뜻을 담아 스스로 지은 것이다. 사임낭은 자신의 인생 목표를 주(周) 문왕과 같이 어질고 현명한 아들을 낳아 나라의 동량(棟梁)으로 키우는 것임을 분명히 하였다. 문왕은 중국 춘추전국 시대의 제자백가들이 왕도정치를 실현한 최고의 명군으로 첫손가락에 꼽는 군주이다.

사임당은 조선 초기의 대표적인 화가인 안견(安堅)의 그림을 7세 때 보고 사숙(私淑)할 정도로 그림을 보는 안목과 재능이 탁월하였다. 사숙은 직접 가르침을 받지는 않았으나 마음속으로 그 사람을 본받아서 도나 학문을 닦는다는 뜻으로, 사임당의 경우는 안견의 서화를 사숙으로 삼아 홀로 닦은 것이다.

신사임당의 아버지 신명화는 중종 11년(1516년) 진사가 되었으나 벼슬에 나가지 않은 기묘명현(己卯名賢)의 한 사람이었다. 다행히 중종 14년(1519년)에 일어난 기묘사화(己卯士禍)의 참화는 면하였다. 사임당의 외조부 이사온은 무남독녀인 어머니를 아들잡이(아들을 대신하는 딸)로 여겨 출가 후에도 친정에 머물게 하여 사임당은 외가의 자애로운 분위기 속에서 다양한 취미 활동을 할 수 있었다. 사임당이 그린 〈포도화〉는 안견의 그림에 견줄 정도로 빼어나 서화가들의 찬사가 잇따랐다.

사임당은 19세에 덕수 이씨 문중의 이원수(李元秀)와 결혼하였다. 아들이 없었던 신명화는 사임당을 아들잡이로 친정에서 살도록 하였고 남편도 이를 받아들였다. 사임당은 아버지 사후에는 시가인 파주군 율곡리에 기거하기도 하였고, 38세인 1541년(중종 36년)에 시댁 살림을 주관하기 위해 한성부 수진방(壽進坊, 지금의 수송동과 청진동)에서 살다가 48세에 삼청동으로 이사하였다. 이해 남편 이원수가 수운판관(水運判官)이 되어 아들들과 함께 평안도에 갔을 때 갑자기 세상을 떠났다.

당대의 사람들은 사임당을 가리켜 "온아한 천품과 예술가의 자질조차도 주 문왕의 어머니 태임의 덕을 배우고 본받은 데서 이루어진 것"이라 평가하였다. 사임당은 율곡 이이 같은 대정치가이자 대학자를 길러낸 노력을 주변으로부터 인정받았고 그녀 스스로 문장가이자 화가로서의 인생을 개척한 조선 여인의 표상이자 선구자였다.

이사주당은 류희의 명성이 율곡 이이에 미치지는 못해도 조선 후기의 대표적인 재야 실학자를 길러냈다. 사주당이 사임당과 다른 점은 여성이 아닌 남성을 롤모델로 삼았다는 것이다. 주자(주희)는 조선조 500여 년의 지배 이데올로기를 제공한 사람으로, 조선 사대부가 표상으로 삼은 송나라 시대의 대표적인 유학자요, 성리학(주자학)의 창시자였다. 고려 후기 충렬왕 때 문성공 안향에 의해 도입된 성리학은 고려말 목은(牧隱) 이색(李穡), 포은(圃隱) 정몽주(鄭夢周), 도은(陶隱) 이숭인(李崇仁)에 의해 만개하였고, 조선 중기 이황, 이이, 서경덕, 기대승 등에 의해 정교한 이론으로 정립되었다. 특히 이황과 이이는 조선시대 성리학을 극한까지 발전시킨 동양을 대표하는 대학자였다.

사주당은 미혼 시절에는 자아실현에 방점을 두고 주자학을 연구하여 학자가 되겠다는 목표를 분명히 하였다. 사임당의 가장 큰 목표가 현모양처였던 것에 견주어볼 때 사주당의 목표는 분명 진일보한 것이다. 사주당의 목표는 류희를 낳고서부터 자아실현보다는 아들을 대학자로 키우는 데 집중되었다.

사임당과 사주당의 공통분모는 아들이었다. 사임당은 율곡 이이를 나라의 동량으로 키우는 데 주력했다. 이이는 임진왜란을 10년 전에 예견하고 10만 양병설을 주장했으나 받아들여지지 않자 이조판서에서 물러나 파주로 낙향하여 후학 양성에 힘썼다. 이이는 왜란을 예견하여 임진강 변에 화석정(花石亭)이라는 정자를 불에 잘 타는 관솔로 지었다. 이이가 죽고 8년 후 임진왜란이 발발하자 선조 임금은 화석정에 불을 질러 임진강을 건너 의주로 몽진(蒙塵) 길에 올랐다. 당시 화석정에 불을 질러 임진강을 건너도록 한 인물은 백사(白沙) 이항복(李恒福)이다.

사주당의 아들 류희는 출사하지 않았으나 스스로 민초와 함께하는 삶을 살며 학문에 정진하였다. 율곡 이이와 서파 류희를 단순 비교하는 것은 무리이다. 하지만 서파 류희가 활동하던 조선 후기는 강경파인 노론 벽파의 폭주와 천주교 박해, 서양의 새로운 학문이 접목되던 격동기였다. 율곡 이이는 역설적으로 말하면 행복하게도 임진왜란이 일어나기 8년 전에 세상을 떠났다. 반면 류희는 암흑기와도 같은 순조 치세에서 34년을 보내고도 헌종 3년까지 생존하면서 세도정치까지 경험했다. 그는 결국 국운이 나락으로 굴러 떨어지는 것을 무기력하게 지켜봐야 했다. 당대의 지식인으로서 류희가 겪어내야 했던 비애는 율곡 이이보다 훨씬 더 크다고 할 수 있다. 율곡은 한 시대를 풍미하면서 6경 반열의 선임(先任)인 이조판서에 올랐지만, 서파 류희는 출사할 기회와 조건조차 갖지 못했다.

이러한 측면에서 보면 율곡 이이와 서파 류희보다 그들의 어머니인 사임당과 사주당이 더 성공적인 삶을 살았다고 볼 수도 있다. 신사임당과 이사주당은 허난설헌과 함께 성리학의 나라 조선에서 여성으로서는 가장 높은 경지에 스스로의 역량과 노력으로 오른 시대의 선각자이자 조선 여성을 대표하는 지식인이었다는 공통분모를 갖고 있다.

다만 천재 여류 시인으로 한 시대를 불꽃처럼 살다간 허난설헌은 남매를 일찍이 잃어 자녀를 남기지 못했고 27세라는 한창의 나이에 요절했기 때문에 사임당과 사주당에 견주기는 어렵다. 그러나 명청대 시인들이 『난설헌집』을 읽고 도연명과 소동파에 비

2 여성 지식인 어머니 이사주당

유했던 만큼 주옥같은 시를 남긴 허난설헌이 천재성에서는 사임당과 사주당에 비교해 뒤졌다고 할 수 없을 것이다.

이사주당의 『태교신기』

사주당 이씨가 살아가던 조선 후기는 반가의 규수라 하여도 운신의 폭이 바늘구멍처럼 협소한 사회였고, 남존여비 사상의 벽은 실로 높고도 두터웠다. 이러한 시대에 주자학은 물론 다양한 학문에 심취하여 『태교신기』를 집필하고 수많은 글을 썼다는 것은 보통의 용기와 집념으로는 할 수 없는 일이었다. 사주당 이씨의 덕목은 그녀가 여인에게 귀중한 지침이 될 태교와 자녀 교육에 지대한 관심을 가졌고 이를 책자로 펴냈다는 것이다. 『태교신기』는 조선시대의 유일한 태교 관련 전문 서적이다.

조선시대 반가 여인의 가장 큰 책무는 자손을 낳아 문중의 대를 잇고 과거시험을 뒷바라지하여 출사시키는 것이었다. 사주당은 이러한 점에 착안하여 『태교신기』를 지었고, 그녀가 저술한 저작 중에 유일하게 후세에 전해지도록 하였다. 사주당은 『태교신기』를 지으면서 주 문왕의 어머니 태임이 저술한 태교는 단편적이어서 자신이 여러 사례와 경험을 살려 집필했다고 밝혔다.

『태교신기』는 1800년(정조 24년)에 62세의 이사주당이 한자로 지었는데 한글을 연구한 류희가 일반 양민에게도 보급될 수 있도록 언문으로 번역하여 펴냈다. 오늘날 전해지는『태교신기』는 어머니 사주당이 쓰고 아들인 류희가 번역하고 발문을 쓴 모자 합작으로, 1801년(정조 24년·순조 원년)에 완성하였다.

사주당은 남편 류한규가 생존했을 당시 경전의 내용 중에서 추려내 아이의 교육에 맞도록 보충해 책을 지었다. 류한규는 아내가 지은 책에『교자집요』라는 제목을 달았고, 20년 후에 이사주당이『교자집요』의 내용 중「양태절목」부분을 뽑아내『태교신기』를 지었다. 아들 류희가 이것을 한글로 번역하여『태교신기언해』를 엮어냈다.

현재『태교신기』는 두 가지 판본이 남아 있다. 수고본(手稿本)과 석판본(石版本)이다. 수고본은 류희가 이사주당의 원고를 10개 장으로 나누어 주석을 달고 우리말로 음과 해석을 붙인 것이다. 석판본은 류희의 현손 류근영이 수고본을 저본으로 하여 인쇄한 것으로『태교신기』목록에 의하면 세 부분으로 구성되었고『태교신기장구언해(胎敎新記章句諺解)』라는 이름의 인쇄판으로 만든 것이다.『태교신기장구언해』는 류희가 어머니 사주당의 원작을 10장으로 나누고 한글로 상세한 주해를 달아놓은 것이다.

류희는 어머니의 삶에 대해서도 글을 남겼다. 아들이 기록한 사주당의 일생은 학술 가치가 높아서 다수의 국어학자가 연구하여 논문으로 발표되었다.

2 여성 지식인 어머니 이사주당

사주당은 '동해모의(東海母儀)'라는 호칭을 받을 정도로 사임당에 비견되는 여성 군자로 존경을 받았다. 동해모의는 해동 어머니의 모범, 즉 조선 어머니의 모범이라는 뜻이다.

210여 년 후 이사주당기념사업회 박숙현 회장은 『태교신기』를 21세기 현대인들이 직접 활용할 수 있도록 『태교는 인문학이다』라는 해설서를 발간했다.

『태교신기』에서 사주당은 잉태의 순간 남편이 어떤 심신 상태를 유지하는가가 중요하다고 특별히 강조했다.

사주당이 "남편의 심신 상태가 산모가 열 달을 태교에 전념하는 것보다 중요하다"고 갈파한 것은 아이를 수태하고 아들을 낳는 것은 모두 여자에게 달려 있다는 사회 통념에 대한 통렬한 반격이었다.

조선시대의 사대부 가문에서 여인이 아들을 낳지 못하면 그 책임은 모두 부인이 뒤집어써야 했다. 심하면 소박을 맞고 내침을 당하기도 했다. 남편이 문제가 있어도 그것을 증명할 방법이 없으니 아들을 낳지 못하는 책임은 오롯이 여인에게 전가되었다. 오늘날에는 산부인과에서 간단한 검사를 하면 불임의 책임이 누구에게 있는지 금방 알 수 있다. 사주당 이씨가 살았던 조선 후기는 아들을 낳지 못한 책임은 온전히 여성에게 있었다.

사주당의 『태교신기』가 탁월한 점은 "남편의 정자가 부실할 수도 있다"는 것을 은유적으로 지적하고 일침을 가한 것이라고

제3장 류희의 사람들

도 볼 수 있다. 조선시대에 출간된 유일한 태교 관련 저술인 『태교
신기』는 220여 년 전에 쓴 책이지만, 오늘날의 태교 관련 서적에
그 감각이 결코 뒤지지 않는다. "아이를 잉태하고 낳아 기르는 것
은 부부의 공동 책임"이라는 것을 주장했기 때문이다.

　　저명한 한학자이자 역사학자이며 양명학의 대가이자 독립
운동가인 위당 정인보는 『태교신기』를 읽고 싶어 10년 동안 백방
으로 찾아 헤맸으나 얻지 못하였다. 후일에 류희의 현손인 류근영
이 석판본을 내면서 서문을 부탁함에 읽고는 "조선 시대 가사학(家
事學)의 최고봉이자 여성들의 필독서"라고 감탄하면서 "이사주당
의 태교 말씀을 따른다면 준걸과 영재가 집집마다 태어나 나라를
이롭게 할 것이다"라고 했다. 안동 지역의 학자 권상규는 "『태교신
기』를 왕에게 바쳐 조정에서 인쇄하여 배포하도록 했어야 한다"고
했다. 이사주당기념사업회 박숙현 회장은 『태교신기』를 현대 임산
부들이 즐겨 읽는 『탈무드』와 비교하면서 5,000년 된 『탈무드』를
모르는 사람이 없지만, 220여 년밖에 안된 『태교신기』를 아는 사
람이 드물어 안타깝다고 했다.

　　류희는 모친의 노작(勞作)을 언문(한글)으로 풀어서 번역하
는 수고를 아끼지 않았다. 류희가 『태교신기』를 일반 백성도 알고
이해할 수 있도록 언문으로 쉽게 풀어쓴 것은 그의 지극한 민초에
대한 사랑에서 비롯된 것이라 이해된다.

　　사주당 이씨는 남편에게도 태교의 책임을 다하도록 당당하

게 요구했다. 이것은 유교 봉건사회의 풍습에서 볼 때 가히 파격적인 일이었다. 류한규는 아내를 지극히 존중하고 학문을 함께 논하는 동지로 여겼다. 사주당도 대단하지만, 류한규 역시 훌륭하다. 류희는 이러한 가정에서 태어났고 아버지 생전에는 유복한 생활을 영위했던 것으로 보인다.

류희가 천문과 지리 등 오늘날의 자연과학에 흥미를 느끼고 깊숙이 심취했던 것은 앞에서 밝힌 대로 아버지 류한규의 영향이 컸다. 아들은 자라면서 아버지를 닮는다. 이것은 누구나 경험하여 객관화된 사실이다.

우리나라는 현재 점점 떨어지는 출산율을 높이기 위해 백방으로 노력하고 있다. 정부가 『태교신기』의 보급에 힘써서 부부가 일심동체가 되어 아이를 잉태하고 함께 태교에 힘쓰도록 동기부여를 해야 한다. 『태교신기』에 기술된 것처럼 심신이 반듯한 아이를 낳아 키우는 것이 얼마나 큰 기쁨인가를 먼저 자각하도록 하고, 자녀 양육에 국가적 차원의 지원을 한다면 출산율은 다시 상승곡선을 그릴 것이다.

출산 대책은 저 멀리 있지 않다. 사주당 이씨가 저술하고 그의 아들 류희가 한글로 번역하고 주석을 달아 해석해놓은 『태교신기』에 그 답이 있다.

에필로그
서파 류희가 남긴 문화유산

　　서파 류희는 방대한 저작『문통』을 필생의 유산으로 남겼다. 한국학중앙연구원에서는『문통』의 번역 작업을 펼치고 있다. 100여 권에 이르는 저작이니만큼 엄청난 시간과 노력이 소요될 것이다. 류희의 저작들은 학술 가치도 높지만, 한글 연구와 물명 사전의 가장 기초적인 사료라는 점에서 더 소중하다. 문화 당국과 지자체에서는 류희가 남긴 문화유산을 많은 국민과 학생들이 쉽게 접할 수 있도록 방안을 모색해야 할 것이다.

　　류희와 이사주당 모자는 우리나라를 대표하는 문화 인물이다. 류희와 이사주당의 문화적 명성과 업적은 우리나라의 문화적 위상을 높이고, 그들의 삶의 터전이었던 용인을 문화도시로 발전시키는 데 소중한 자산이 될 것이다. 윌리엄 셰익스피어 이전에 영어는 유럽 변방의 방언으로 취급되었다. 귀족들은 라틴어, 그리스어, 프랑스어를 공부했고 영어로는 대화도 나누지 않았다. 그러던 것이 셰익스피어가 37편의 희곡을 남기고 나서는 당당한 고급 언어로 대접받았고, 대영제국 시대에는 전 세계에서 통용되는 만국의 제1 공용어가 되었다.

문화 강국인 프랑스는 예술가에 대한 존경이 남다른데, 특히 문학가에 대한 존경과 유산 보존에서 타의 추종을 불허한다. 파리의 뒷골목에는 빚쟁이에 시달리다 못해 맨발로 도망갔다는 오노레 드 발자크의 발자국까지 동판으로 새겨 넣어 보존할 정도이다. 러시아는 독소전쟁 당시 우크라이나에 있던 투르게네프의 유산을 특별열차에 실어 시베리아로 보냈다. 당시 독일군을 피해 떠나는 피난 열차가 인산인해를 이루었는데, 투르게네프의 유산을 실은 열차가 역내에 진입하자 피난민이 몰려들었다. 역장이 "인민 여러분! 이 특별 열차는 존경하는 투르게네프 선생의 작품을 싣고 있어 승차할 수 없으니 다음 열차를 기다리시기 바랍니다"라는 안내방송을 하자 모든 승객이 썰물처럼 물러났다고 한다.

문화는 한 나라의 국력을 평가하는 가장 기본적인 조건이다. 제아무리 돈이 많고 군사력이 막강한 나라라 할지라도 문화가 빈약하면 진정한 강국으로 인정받지 못한다. 역사가 매우 짧은 미국이 온갖 것을 문화유산으로 지정하고 기념하는 것은 비록 건국의 역사는 짧지만, 문화적인 저력은 풍부하다는 것을 대내외에 과시하기 위한 것이다.

류희와 이사주당 같은 인물이 미국의 아주 작은 주에서 태어났다면 기념관은 물론이고 영상 자료로 만들어 국내외에 널리 홍보했을 것이다. 그러나 한국은 드라마 촬영지는 보존하고 홍보하면서도 역사에 길이 남을 문화 인물에 대해서는 연구와 보존과 홍보가 극히 미흡하다. 시급히 개선해야 할 대목이다.

류희와 이사주당은 용인시의 대표적인 문화 인물로 합당한 대우를 받아야 한다. 그래야 문화 용인을 입에 올릴 수 있을 것이고, 이는 우리나라의 위대한 인물이자 세계의 문화인물로 조명되는 첫 걸음이 될 것이다.

서두에 밝혔듯이 류희는 당시 용인현 모현촌 마산리에서 태어나고 남악에서 죽었다. 류희의 묘소는 용인시 모현읍 왕산리 산85번지 한국외국어대학교 뒷산에 있다. 조정을 대표하여 실학의 태두 정약용, 서유구 같은 대학자가 있었다면 재야인 용인에는 민초와 일생을 함께한 은둔학자이자 실학의 거성인 류희가 있다. 심지어 류희는 동아시아의 실학자 99인 중 한 사람으로 꼽히기도 한다. 류희의 저작은 완벽하게 복원하고 번역해 자손 대대로 물려 줘야 할 자랑스러운 문화유산이다. 언제나 최선을 다해 삶을 대한 류희의 자세는 혼돈의 21세기를 살아가는 우리에게 좌절하지 말고 항상 노력하되 희망을 잃지 말라는 영원한 교훈을 준다.

서파 류희 연보

출생 이전

1718년 목천공 류한규가 서울 명례방(明禮坊) 사저(私邸)에서 탄생.

1755년 을해옥사에 연루되어 류희의 증조부 류수(1678~1756)가 북천으로 유배
중 홍원에서 별세, 류한규가 가족들을 데리고 서울에서 용인 향제(鄕第)로
낙향.

1755년 류한규가 형조좌랑으로 재직했는데, 류수의 조카라는 이유로 공초를
받고 감옥에 수감되었으나 풀려남. 이후 신병을 핑계 삼아 관직을 버리고
서울을 떠나 선영이 있는 용인 구성(駒城)으로 이거(移居)함.

생애(1773-1837)

1773년 경기도 용인 모현촌에서 출생(윤3월 27일). 3명의 누이를 둠.

1774년 2세, 돌 무렵 천연두를 앓아 모습은 초췌해지고 건강도 크게 해침.

1776년 4세, 한자의 뜻을 깨우쳐, 편지를 쓸 수 있고 4언과 5언으로 된 글자
모음을 작성함.

1777년 5세, 『성리대전(性理大全)』, 『공자가어(孔子家語)』 등을 통독.
이광려(李匡呂)의 무릎에서 글을 배움.

1779년 7세, 류한규가 경릉령을 거쳐 목천현감에 제수(6월). 관찰사가 조카인
이병정(李秉鼎)이었기에 스스로 3개월 만에 물러남. 부친에게서
율려(律呂)를 배움.

1779년 7세, 부친을 따라 임지인 경릉에 갔다가 정철조(鄭喆祚)를 만나 역경을
논하고 시초서법(蓍草筮法)을 배움.

1781년 9세,『서전(書傳)』을 깨우침. 부친에게서 주법(籌法)을 배움.

1782년 10세,『통감(通鑑)』15권을 깨치고『두공부집(杜工部集)』과『맹자(孟子)』를
읽기 시작.

1783년 11세, 부친 류한규 타계. 모친 사주당 이씨가 전처 소생 장남
류흔(柳俒)에게 부담을 주지 않기 위해 분가.

1785년 13세, 부친의 삼년상을 마치고 시부(詩賦)를 짓기 시작.

1786년 14세, 선친 류한규의 시문을 모아 필사.

1787년 15세, 구장산술(九章算術) 및 주역(周易)과 복서(卜筮)에 능통하게 됨.

1788년 16세, 경사(經史)를 읽고 성현의 가르침을 실천하고, 치란(治亂)의 한시를
남기기 시작. 이때부터 자호(自號) 방편자(方便子)를 사용함.

1790년 18세, 소과 초시인 감시(監試)에 합격. 과거 공부는 주로
윤형철(尹衡喆)에게 배움. 경사(經史)를 집중적으로 공부하고, 그것을
실행하는 방법을 숙고하고, 치란(治亂)의 기틀을 모색함.

1790년 18세, 전주 이씨 이진장(李鎭章)의 딸과 결혼.

1791년 19세, 모친 사주당 이씨가 큰 병에 걸리자, 단지혈서(斷指血誓)하는
효심을 보임. 이때 모친으로부터 과거시험을 포기하고 명산에 복거하여
천진(天眞)을 지키라는 가르침을 받아 학문에만 정진.

1792년 20세, 역병과 기근으로 장토(庄土)를 파는 등 집안이 풍비박산.

1793년 21세, 21제 31수의 시를『순유육집(旬有六集)』으로 엮음.

1794년 22세, 2월, 7촌인 류성태(柳聖台)의 과거시험 사건에 휘말려
양지옥(陽智獄)에 수감되어 이어 전남 해남으로 귀양감.

1795년 23세, 해배(解配)되어 고향으로 돌아옴(2월). 유배 중 지은 17제 25수의
시를『영해집(嶺海集)』으로 엮음.

1796년 24세,『벽천주학책(闢天主學策)』을 지어 천주교를 배척해야
한다고 주장(7월). 39제 79수의 시를『내귀집(來歸集)』으로 엮음.
『주비경장구석周髀經章句釋』을 저술.

1797년 25세, 모현촌의 관청동(觀靑洞)에 복거하고 본격적으로 농사를 지음(2월). 31제 79수의 시를 『지학집(志學集)』으로 엮음. 『독사만필(讀史漫筆)』을 저술.

1798년 26세, 이전까지 사용해온 방편자 대신에 관청농부(觀靑農夫)라는 호를 사용하기 시작. 89제 114수의 시를 『관청농부집(觀靑農夫集)』으로 엮음.

1799년 27세, 1월 1일 점을 쳐서 부괘(否卦)가 나오자, 과거에 대한 미련을 버림. 사주당의 회갑일(12월 5일)을 맞이하여 친지 및 벗들을 초청하여 잔치를 베풂. 봄에 한 달간 해서 지방을 유람하고, 『서유시축(西遊詩軸)』을 엮음.

1800년 28세, 조중진에게 부친 류한규의 묘지명을 써줄 것을 요청. 132제 17수의 시를 『비옹집(否翁集)』으로 엮음.

1801년 29세, 옴을 치료하기 위해 온양으로 온천욕을 다녀옴. 76제 111수의 시를 『알음집(遏音集)』으로 엮음. 『태교신기장구(胎敎新記章句)』를 저술.

1802년 30세, 『율려신서적해(律呂新書摘解)』, 『관상지(觀象志)』, 『곤득편변변해(困得篇辨辨解)』를 저술.

1805년 33세, 저명한 경학자(經學者) 강필효와 관계를 맺음. 이때부터 경학에 침잠함. 59제 71수의 시를 『좌집(坐集)』으로 엮음.

1806년 34세, 55제 77수의 시를 『행수단집(杏樹壇集)』으로 엮음. 본격적으로 경학에 몰입함.

1807년 35세, 취변당(聚辨堂)을 짓고 『근사록(近思錄)』을 처음으로 강독하기 시작. 이 해에 서자 성월(聖越)이 출생함. 이만영(李晩永)이 『재물보(才物譜)』(1798년 완성)를 엮은 뒤 류희에게 질정을 구함.

1809년 37세, 단양의 장림으로 거처를 옮김. 37제 54수의 시를 『취변당집(聚辨堂集)』으로 엮음.

1811년~1815년 『중용장구보설(中庸章句補說)』, 『대학장구보설(大學章句補說)』, 『논어장구보설(論語章句補說)』, 『맹자장구보설(孟子章句補說)』을 저술.

1814년 42세, 초배 전주이씨 타계(6월). 지병을 앓던 이복형 류흔 사망(12월).

1815년 43세, 171제 234수의 시를 『단구처사집(丹邱處士集)』으로 엮음. 이복형 류흔의 아들 성장(聖長)이 34세의 나이로 죽음.

1818년 46세, 1812년부터 쓰기 시작한 『물명고(物名攷)』 저술 완료. 이 무렵 『고공기보주보설(考工記補註補說)』을 저술.

1819년 47세, 용인으로 다시 돌아옴(6월).『일전단집(一轉丹集)』을 엮음.

1821년 49세, 사주당 이씨 여든 이후 고질병에 시달리다 83세로 타계(9월).
　　　　이때 모친의 유언에 따라『태교신기』만 남기고 사주당의
　　　　다른 작품을 불태움.『기주주설명실(朞註籌說明實)』을 저술.
　　　　『소문왕주보교정(素問王註補校正)』을 저술.

1822년 50세, 신작(申綽)이 사주당의 묘지명을 지어준 것을 인연으로 신작
　　　　삼형제와 친밀한 관계를 맺음. 이 해에 서자 성장이 죽음.

1824년 52세,『언문지』,『상서고금문송의(尙書古今文訟疑)』를 저술. 이 해에 장남
　　　　성소(聖昭) 출생하고, 서자 성월(聖越)이 혼인.

1825년 53세, 둘째 누이가 울면서 권해 어쩔 수 없이 소과에 응시하여 식년시
　　　　생원 사마시에 합격. 초명인 경(儆)을 버리고 희(僖)로 이름을 바꿈. 18제
　　　　22수의 시를『성가집(成歌集)』으로 엮음.

1826년 54세, 신진(申縉)·신작(申綽)·신현(申絢) 삼형제와 함께 남양주
　　　　석호정(石湖亭)에서 정약용을 만나 학문을 토론하고, 다산으로부터
　　　　'박아(博雅)'하다는 칭찬을 받음.

1829년 57세, 감제(柑製)에서 시부(詩賦)를 지어 3등 3급으로 합격.

1832년 60세,『이손편(貽孫篇)』지음.

1837년 65세, 용인 모현촌 남악(南岳)의 새집에서 타계(3월). 23제 41수의 시를
　　　　『남악집(南岳集)』으로 엮음.

사후~현대

1887년 손자 성린(成隣)이 임금이 명하여 임시로 실시한 응제에 수석으로
　　　　합격하고, 바로 정시 문과에 응시하여 급제함.

1931년 정인보(鄭寅普)가《동아일보》에『문통(文通)』을
　　　　조선고서해제(朝鮮古書解題)에 연재하면서 학계에 처음 소개되고, 아울러
　　　　《동아일보》에 이상재가『언문지』를 '조선문자연구필독고서'로 추천함.

1931년 류근영이『문통』발간을 기획하고(11월), 그의 요청에 따라
　　　　병산서원(屛山書院) 유생들은 경상도 내에『문통』을 돌려 류근영의『문통』
　　　　출간 사업에 협조할 것을 요청.

1936년 《동아일보》 1월 1일 기사에 '창호지 족가 보(褓)에『문통』백여 권-류희의
　　　　투빈(闘貧)과 거작(巨作)'이란 제목으로『문통』과 서파가 소개됨.

1937년 이만규(李萬珪)가 서파의 사적을 잘 아는 류희진(柳熙晉)의 도움을 받아
　　　　류희의 약전(略傳)을 최초로 씀.

1938년 3월 조선어학회(朝鮮語學會)에서『언문지』를 단행본으로 편찬해 세상에
　　　　널리 알려짐.

1938년 류근영이 류희가 수사(手寫)한『태교신기』을 목판으로 인쇄하여 1월
　　　　20일에 간행.

1939년 류근영이 12월부터 본격적으로『문통』간행을 준비하여 기부금을 걷고,
　　　　필사자를 구하여 1946년까지 추진해 나감.

1960년 아유카이 후사노신(鮎貝房之進)의 소장본인『물명고(物名考[攷])』가
　　　　『조선학보(朝鮮学報)』에 영인되어 수록됨.

1972년 1972년에 경문사(景文社)에서『물명고』를 영인하여 출판함.

2000년 10월. 문화관광부 '이달의 문화인물'에 류희 선정.

2000년 국립국어원『새국어연구』제10권 3호(가을호)에서 '서파 유희 선생의
　　　　학문과 인간'을 특집으로 수록함.

2000년 한글학회에서『한힌샘주시경연구』13에서 특집에서『언문지』에 대한
　　　　분석과 연구를 수록함.

2001년 진주 류씨 후손가에서 1차로 74종본『문통』을 한국학중앙연구원에
　　　　기탁함.

2003년 진주 류씨 후손가에서 2차로 45종본『문통』을 한국학중앙연구원에
　　　　기탁함.

2005년 한국학중앙연구원에 공식 기탁됨.

2007년 한국학중앙연구원에서『진주류씨 서파류희전서(晋州柳氏西陂柳僖全書)』I
　　　　발간.

2008년 한국학중앙연구원에서『진주류씨 서파류희전서』II 발간.

2010년 김근태가『서파 류희의 시문학 연구(西陂 柳僖의 詩文學 研究)』로
　　　　한국학중앙연구원 한국학대학원에서 박사학위 받음.

2011년 3월 25일 이사주당기념사업회 출범

2012년 김지홍이 번역한『언문지』를 출판사 '지식을만드는지식'에서 출판함. 이
　　　　책에 안동 권씨의「류희의 전기」가 번역되어 부록으로 수록.

2013년 진단학회에『문통』을 주제로 제41회 한국고전연구심포지엄을
        개최.(『진단학보』118호에 수록)
2014년 이사주당기념사업회의 박숙현 회장이『(박숙현의 태교신기 특강) 태교는
        인문학이다』를 개정판으로 북앤스토리에서 출간.
2015년 경기문화재단 경기학연구센터의 주관으로『사주당이씨와 태교』학술대회
        개최.
2016년 한국실학학회 주최로『서파 유희와 사주당 이씨의 학문세계』학술대회
        열림.(『실학연구』32호에 수록)
2017년 이사주당기념사업회 주관으로『이사주당의 생애와 학문세계』학술대회
        개최 및 학술자료집 발간.
2017년 오보라가『서파 류희 문학 연구(西坡 柳僖 文學 硏究)』로 고려대학교에서
        박사학위 받음.
2019년 김형태 번역의『물명고』를 상하 두 권으로 소명출판사에서 발간.
2021년 『(100여권의 책을 남긴 조선의 3대 신동) 서파 류희와 진주류씨 목천공파』
        비천당에서 발간.
2023년 오보라가 지은『산골 농부로 태어난 책벌레』글을 읽다에서 발간.
2023년 김성태가 지은『서파 류희의 인생철학과 조선의 선비정신』비천당에서
        발간.
2023년 「물명고의 종합적 검토」세미나, 한국학중앙연구원
        전통한국학연구소·어문생활사연구소 주최, 한국학중앙연구원에서 열림.
2023년 김근태가 지은『서파 류희의 한시 이야기』한꽃에서 발간.
2024년 김종경·박숙현이 지은『서파 류희의 삶과 학문 이야기』별꽃에서 발간.

참고자료

○ 김성태·박숙현 편저,『서파 류희와 진주류씨 목천공파』, 비천당, 2021.

○ 정경일,「언문지에 나타난 국어 음운 연구」,『서파 유희 선생의 학문과 인간』, 국립국어연구원, 2000.

○ 황문환,「물명고」해제,「언문지」해제,「태교신기언해」해제,『진주류씨 서파류희전서』I, 한국학중앙연구원, 2007.

○ 심경호,「유희의 시문 문집과 그 정신세계」,『진주류씨 서파류희전서』II, 한국학중앙연구원, 2008.

○ 심경호,「유희의 삶과 문학, 그리고 학문」,『문통』의 종합적 검토, 제41회 한국고전연구 심포지엄, 진단학회·한국어문학연구소, 2013.

○ 구만옥,「유희의 도수지학에 대한 인식과 고공기도보주보설」,『한국실학연구』 32, 한국실학학회, 2016.

○ 박용만,「이사주당의 생애와 학문세계」,『이사주당의 생애와 학문세계』 심포지엄, 이사주당기념사업회, 2015.

○ 김근태,『서파 류희의 한시 이야기』, 별꽃, 2023.

○ 김성태,『서파 류희의 인생철학과 조선의 선비정신』, 비천당, 2023.

○ 오보라,『산골 농부로 태어난 책벌레』, 글을 읽다, 2023.

○ 박숙현,『태교는 인문학이다』, 북앤스토리, 2014.

○ 용인신문, 중앙일보, 위키피디아, 나무위키, 조선왕조실록 번역본(영조·정조·순조실록)

문통·언문지를 남긴 조선의 대학자

서파 류희의 삶과 학문 이야기

초판 1쇄 발행 2024년 5월 4일

저자 김종경, 박숙현
디자인 소산이

펴낸곳 도서출판 별꽃
출판 등록 출판등록 2022년 12월 13일 제562-2022-000130호
주소 경기도 용인시 처인구 지삼로 590 CMC빌딩 307호
전화 031-336-8585 　**팩스** 031-336-3132
이메일 booksry@naver.com

ⓒ김종경·박숙현, 2024

ISBN 979-11-981341-9-6 03990